這就是 上海！

U0033151

People Mountain People Sea !

您所不知道的上海，讓上海湯來告訴您......

太雅生活館

上海,真奇怪ㄋㄟ

作者:上海湯

作者序

　　一個在美國矽谷(Silicon Valley)長大的臺灣小留學生，樸素平凡地過了二十多個年頭。就像當地所有的人一樣，進入高科技行業，正好經歷美國有史以來最繁榮的時代，壓根都沒想到會到中國發展。一九九九年，托克林頓的福賺了點錢，但無情的經濟泡沫喚醒了大部分矽谷人的南柯一夢。

　　連續幾年全美國高科技公司大裁員，矽谷民不聊生，左躲右閃幾年後，就職的歐洲公司還是把幾萬人的部門給砍了。因為通中文緣故被紅毛荷蘭老闆認為還有剩餘價值，派到大陸工作四年，負責大中華區行銷總監。

　　一家三口為免於斷炊之虞，匆匆忙忙答應接受外派到上海。拿美國薪水在大陸花錢，在別人眼裏看起來是吃香喝辣，其實日子並沒有想像中那麼無憂無慮。雖然中文語言溝通無礙，但還是經歷了不小的文化衝擊。

　　初來到上海，一家人都是無知的土包子，渺小又微不足道的生活在這個日行千里、全世界最火紅的城市裏。工作之餘，本性輕微八卦，對周遭生活中的小事都很有興趣追根究底。於是用謙虛，朝聖的心情，隱姓埋名在臺灣網誌上，將生活中面臨的點點滴滴與大家分享。

　　不知不覺寫了許多五花八門的生活小故事，拍攝了上千張的街頭照片，為臺灣同胞提供一些在地街頭小巷不為人知的事。將所見所聞描述記錄，在這迅速的變遷中為自己留下一點回憶，也讓大家能認識真實的上海。有寫不好處，不對的地方請大家多多指教。

上海湯(Tom)

- 14歲時，被父母送到美國念書
- 1987年，大學畢，在矽谷任職工程師
- 1997年，取得MBA並開始從商，服務過加拿大/日本/美國/中國/荷蘭公司
- 2003年，到上海工作，任職大中華區商務總監
- 2007年底，結束上海四年生活，回到美國定居

編輯室

坊間介紹上海的旅遊書五花八門，不是地圖實用、就是圖片動人、或是資訊超多，每一本拿在手上都只呈現了一個面貌，就是精緻包裝後的上海玩樂文化。就我一個觀光客來講，看這些表面的東西應該就夠用了，不過現在更多的人，他不只是玩樂上海，他還要生活在上海，那這個城市的面貌就不是我們這些「巴子」，用這麼點旅遊情報所能應付得了的。

當初在我們開始進行本書審稿時，老實說爆笑聲不斷，看到不可思議之處，還會忍不住叫更多同事一起來笑，大家反應都是嘖嘖稱奇不已！某個人看過書後說的更絕：它讓我重新認識上海，特別讓我知道一件事，就是在上海學壞特別快！這話講的夠犀利，但我想精明幹練的上海人可不這麼認為，是不是這麼回事兒呢？請您讀讀這本書後也給個說法吧！

據統計目前在上海的台商人數超過四十萬人，但實際數字我想應該是超過這個數字，有這麼多台商在上海打拼，少說您也有一兩個親戚朋友在那等著讓您去拜訪的，所以大家到上海旅遊的機會大增。來到上海免俗不了的，親戚朋友會帶您去地標性景點玩玩，吃一些代表性的美食餐廳，訂做幾套衣服，買個伴手禮之類的。巧的勒！本書作者上海湯就經常幹這樣的事，讓他來告訴您他的觀察體會，保證您去到上海不僅能更快融入當地文化，還讓您學會如何不落入別人的圈套中，在上海過的怡然自得。

從十里洋場的老上海到國際大觀的新上海，人們儼然已被它璀璨光芒照得醉茫茫的，在這個全球聚焦的大城市裏，上海湯給了我們一個新的認識，在此特請去過的人來印證看看，沒住過上海的人也請來了解看看。

上海，到底有多奇怪ㄋㄟ？這還真不好說……

編輯室報告

Contents 上海，這些那些人

特蒐。上海奇景

上海，這些那些人

上海，這些那些人

洗窗蜘蛛人

玻璃叢林中，有棟大約五十層高的大樓，
有幾條長長的麻繩吊在外面，
再仔細一瞧，OH MY GOD！原來麻繩底下都吊著人，
乍看之下還以為是特技表演勒。
四、五個人在繩子的底端，隨著風飄飄蕩蕩，
一下子晃到左邊，一下子晃到右邊……

　　上海人煙稠密，高樓林立，大廈一個比一個高，許多辦公樓外表的玻璃帷幕設計提醒這世界，大上海是走在時代尖端的。剛到上海來的時候覺得很奇怪，大部分的高樓都沒像台港一樣有專門給外窗清洗工人的樓頂升降機。我一開始非常懷疑，這些摩天大廈是如何保持亮麗的外表？直到有一天⋯⋯

　　那是一個秋高氣爽的早上，我的師傅（司機）和我正快樂的往公司方向前進，一路上經過一棟又一棟的高樓，又習慣性的陷入思考這個洗窗問題。當我的腦袋瓜正在享受這無意識地沈思時，突然注意到遠處奇怪的現象，在一眼看過去的玻璃叢林中，有棟大約五十層高的大樓，有幾條長長的麻繩吊在外面，再仔細一瞧，OH MY GOD！原來麻繩底下都吊著人，乍看之下還以為是特技表演勒。

　　四、五個人在繩子的底端，隨著風飄飄蕩蕩，如同駕著雲霧在風裏流轉，一下子晃到左邊，一下子晃到右邊。這幾吊人正在三十多層高樓處洗大樓的外窗，**他們唯一的安全設備就只有那條繩子，每個人的腰下都掛著水桶，右手拿著一般洗窗的兩面刷子，晃到左邊時塗上清潔劑，晃到右邊時就用刷子的另一面把窗擦乾淨**，這些沒有懼高症的高空清潔工人，就這般地晃晃蕩蕩把玻璃帷幕外牆清洗的一塵不染。

✡以為上帝也在罵我

　　接下來的幾天，上下班時不再發呆，興奮的尋找這些賣命的擦窗人，可惜天不從人願，他們都無影無蹤。我不得不開始注意報紙上有沒有高空墜樓意外事件。就在開始懷疑自己有沒有妄想時，上天又決定給我一個驚喜。

　　那是一個剛被客人辱罵後的下午，沮喪的回到了我三十八樓的辦公室，**突然間聽到窗外有人在說話！一時以為上帝也在罵我**，回頭一看，尋找已久的高空清潔大隊居然活生生地在清我的窗戶！沒錯！就是一條繩子吊著個人晃來晃去，居然讓我有如此「近距離接觸偶像」的機會。

　　興奮的快不能呼吸了，看著看著，突然間想到，這樣難得的情景一定要錄下來回來與呆胞們共享，不然大家以為我在呼弄。辦公室正好有一個不是很高檔的錄影機，我顫抖的雙手錄下了有點不清楚的畫面，傳上網後得到熱烈反應。後來另外找到機會，捕捉到一些更清楚的照片，跟大家分享。

以為上帝也在罵我，
原來是他們在說話啦～

不花半毛錢**住遍豪宅**

有個朋友在自己豪宅裝了一個三溫暖房，
他在成功測試後聽到工頭很高興的宣布：
「嘿！行了！大夥今天可以好好的洗個澡勒！」
所有工人一陣歡呼，朋友的臉馬上綠了⋯⋯

　　上海的房子二〇〇五年前狂飆熱賣是眾所皆知，大部分的新房交到屋主手上都是俗稱的「毛坯屋」，也就是所謂的家徒四壁，沒門、沒櫃、沒檯、沒燈、沒馬桶……，四面只有水泥牆和水泥柱。屋主拿到房產權後的第一件事就是找裝潢公司，從規劃、設計到施工，全部由裝潢公司一手包辦。

　　無論公司檔次高低，當地或外商，他們都有一個共同點，那就是開工後，**裝潢工人二十四小時都會住在您的新屋裡。簡單說就是他們在您的新屋吃、喝、拉、睡幾個月，等他們住煩了就交到您手上。**

　　在開工期間，好心的公司會派一位阿姨，用小瓦斯爐煮熱菜熱湯給工作團隊吃，比較衰的工人吃自己，啃饅頭。開工第一件事就是裝馬桶，那是給工人用的馬桶。完工的最後一件事也是裝馬桶，他們把舊的馬桶資源回收到下個工程用（不要問我他們有沒有洗馬桶，我不知道……），接著換上屋主選的高級進口馬桶後，有些工人會偷偷用幾次才離去。

✦ 貧窮也有幸福的滋味

　　我有個朋友在他的高檔新屋裝了一個三溫暖房，他在成功測試三溫暖的那天就聽到工頭很高興的跟工人們說：「嘿！行了！大夥今天可以好好的洗個澡勒！」聽到一陣歡呼，朋友的臉都綠了，不敢當場發飆，怕得罪工人。

　　上海裝潢工人是很幸福地，他們住遍上海全新的巨屋豪宅，用過房裏最新的進口衛浴設備，大哥們沒有累贅的家當，兩手空空悄悄的來，揮揮衣袖不帶走一片雲彩，把房留給真正的主人，真是好夢留給他人睡。

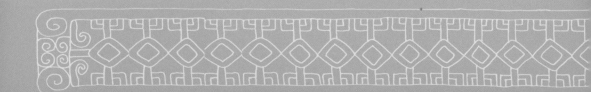

　　有時因為各家各戶的裝修時間不同，一個小社區或樓盤（註：大廈）會有八、九個月的尷尬時期。剛裝修好美輪美奐的房子，旁邊或隔層掛著工人破舊的內衣內褲，悠閒帥氣的工人們穿著內褲、叼根煙，拿著毛巾擦身體（浴室還沒裝），逍遙自在。

　　天氣不很冷的話，**工人們都會在街上拉個水管洗澡，他們一般都至少穿個內褲「以示文明」，但他們好像不care白色的內褲碰到水會變成透明的。**

✵ 裝潢工也是很有原則地

　　這些裝潢工人都是外地來的，上海成千上萬的流動人口中他們佔了可觀的一部分。這些裝潢工人們有個很有趣的特點：他們種田和收割的時候都會回老家幫忙，這段時間大部分的工程都暫停，過年時也都一定要回老家聚一聚。常有工頭在年前發不出薪水，工人們激烈抗議事件上報，有一次在報上看到，一百多個拿不到工資的工人抗議無效，結夥到老闆開的餐廳吃鮑魚霸王飯。

　　裝潢時的分工是很清楚的，電線、粉刷、地板、門窗等都是有不同的人來負責，他們之間絕對互不侵犯。如果門窗工人還在裝修時，而粉刷工人來了，粉刷師傅會站在一旁耐心的等候，就算是**門窗工人做的簡單栓緊螺絲的動作，也不會有任何人幫忙，沒事的人圍在一旁看，偶爾插上兩句發表自己的意見，他們反正有的是時間，**早把事做完只會讓他們早失業。

我很好奇為什麼老闆不好好培訓這些班底，讓他們提高效率？原來大部分的班底回了一趟老家後都換人了，如果分工清楚的話比較容易找人補上。

住豪宅？得先有心理建設

這樣的一個暫時的施工團隊，也間接造成了很多上海樓房品質問題。香港有一位超級富豪，在浦西蓋的高級住宅交屋後，屋主們居然發現大樓許多馬桶倒灌，水管不通，屋主們集體告上法庭。就拿我們住的酒店式公寓來說好了，這棟樓三、四年前才完工，現在房間木頭地板間的裂縫，可以塞得下兩個銅板。

有個投資房產的朋友剛裝修完新房，已找到買主，可是大樓排水道出問題，樓上馬桶沖掉的穢物統統倒灌進他家，建築商推說是裝潢工人馬桶亂丟東西才有問題，不是他施工出問題。最後朋友把全新的地板拆了，修好水管，鋪上新地板才把房子賣了。

「度」到鳥事，就當笑話

有一次，兒子房間的天花板燈整座莫名其妙的掉下來，我們很憤怒的找工程部上來罵，結果物業管理和工程部看了都嘖嘖稱奇，還照相留念，就像吳宗憲說的，「見鬼了！」。

另外，家裏廁所無論如何清洗都有陣陣的腐爛臭味，我們往下水道灌了二十瓶漂白水才好一點，找工程部和清潔部人來看，都說沒問題，其中

一個領導說，「再有味道的話就繼續灌漂白水唄。」經過一番明察暗訪左鄰右舍後，發現大部分的廁所都有同樣的問題，大家都不知道怎麼辦。

　　在上海要搞裝潢是一門大學問，您必須有克服萬難、不怕一切的心理準備，最後的結果就像古人說的：

見山是山──看到設計圖絕對是您滿意的；

見山非山──裝潢完工後與設計圖是絕對不同的；

見山還是山──花飛人遠，錢走工頭去，飲恨入新屋，淚滿斷腸訴予誰，縱使心有千千結，對不起，您也只有面對現實搬進去住唄！

特蒐。上海奇景

到公園打地鋪

　　上海人隨性的特質滿可愛的，上海夏夜有時可高達到三十七、八度，一般舊點的房子都沒有冷氣機，風扇發揮不了任何作用。可愛的上海人就攜家帶小到路上睡覺。我們住在市中心的徐匯區，到了傍晚，就有街坊鄰居聚集在人行道上打地鋪，圍在一起抽煙、打屁、吃零食。累了就倒下來睡到天亮。天氣炎熱的時候，一整排人睡在路旁還滿壯觀的，咱們物業人員不得不派出通宵的保安控制場面。

　　很多來上海玩的人都知道最時髦的新天地，新天地旁有一個人工湖公園。公司裡有位同事住在新天地旁高檔次的服務式公寓。她說夏天晚上都不敢出門，因為整個公園睡了上百人。

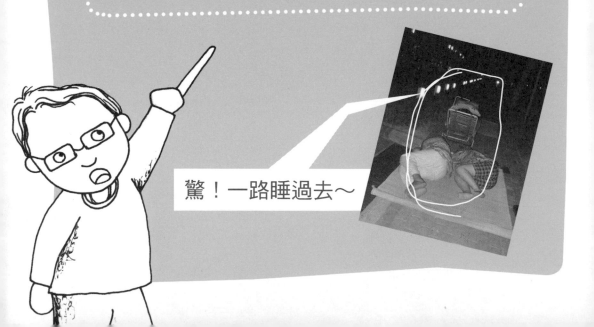

驚！一路睡過去～

令人**又愛又恨**的阿姨

我們的阿姨用同一條抹布擦飯桌，
抹地、洗馬桶，只差沒拿來洗臉。
另一位阿姨，第一次教她泡茶，
告訴她要先把第一泡倒掉，
結果她泡了十分鐘後才倒，
那還是得過獎的台灣高山茶……

別誤會，我這説的不是大陸親戚，是大陸統稱幫傭的叫「阿姨」。許多人來到上海最期盼的就是家裏請個阿姨，買菜、洗衣、煮飯、泡茶、打掃、拖地、帶小孩、洗馬桶、燙內衣褲，飯來張口，茶來伸手，狗屁嘮叨的事全包，讓東家「十指不沾水，閉眼吃羊腿」。在國外的朋友聽到我們有「阿姨」都羨慕不已。

二〇〇三年初到上海時，市區內請一位阿姨大概要一千人民幣，郊區六百元就可以搞定。在美國請個 Amiga（西班牙婦女）花兩小時清房子都不只這個價錢。當初想説老子可以大款的請五個阿姨，沒事做就排排站，看看也爽。

大多數臺胞跟臺灣的親戚朋友們提到大陸的事，大部分都是報喜不報憂，説些上海好的事來讓人家羨慕甚至於嫉妒。唉，有利必有弊，美好的傳説到了現實的上海，都不是那麼一回事了。

✄ 花錢請幫傭還得看臉色

咱們一家從美國剛搬到上海沒幾天，東南西北還分不清楚就開始尋覓阿姨。樓下的物業管理小姐好心地介紹一位當地阿姨，她説阿姨一定要用上海人，好多外地阿姨做了壞事，人跑了誰都抓不到。尤其是安徽阿姨，因為老家比較窮，家裏有值錢東西會手腳不乾淨，臺商東家被砍，被殺，或滅門慘案不少是安徽人幹的。

特別聲明，這是樓下管理小姐説的，與本人無關。

她還説，上海阿姨見過世面，當地有家有親戚朋友，跑不掉。我們人生地不熟，聽了就當真。物業管理小姐就幫我們請了一個上海老太太，

很便宜，一小時五元人民幣。身材瘦小的阿姨深藏不露，每餐吃好幾大碗飯，幾個月下來胖了好多。

吃多也沒啥不行，可是動作特慢，摸魚混時間的情況越來越嚴重。**她每天最重要的事就是看我們家訂的中國時報，見識到臺灣的言論自由和五顏六色的廣告，翻來覆去一份報可以看好幾次，**反正薪水是以時間算錢，對她來說，能拖就是賺。

我們一家來自禮儀之邦，凡事必說「謝謝」、「請」。嘿，對她們客氣反而騎到咱頭上，沒幾天的工夫，沒交待的事就不做，煮飯不用心，拖地不乾淨，燙一件襯衫要二十分鐘。朋友提醒說要對阿姨越兇她們就越聽話，我們面子太薄，敢怒不敢言，只好苦水往肚裏吞。

一次我出差在外，老婆交待阿姨晚上想吃點蔬菜，結果阿姨晚餐就真的只炒了一小盤青菜配一碗白米飯。老婆當場衝入房內抱著兒子倒頭大哭，我們家夫人就這樣每天氣得捶胸頓足，咬牙吞血，天天以淚洗面。

忍耐了快一年，有個上海朋友看我們日子過得太苦了，他自告奮勇出面幫我們辭掉阿姨，三分鐘搞定，阿姨也沒我們預期的哭天喊地就走了。我們還很惶恐，愧疚不已，有了一次趕人的經驗後來就越來越順手了，接下來曾經一個月換了三個，越換越有心得。

等待工作中的阿姨們

✦ 選阿姨像挑貨

　　我們到附近街坊的「家政勞務介紹所」親自挑選阿姨。許多外地等上崗（上班）的阿姨們圍一起聊天、抽煙、蹺二郎腿、打撲克牌。每人身旁一個小箱是她們所有的家當，有東家滿意的話，當場可以馬上帶走，有人口販子的味道。

　　找阿姨的東家一般會當場面試，問識不識字，會不會記帳，檢查雙手指甲，看體檢報告，問以前東家喜歡吃啥菜……。阿姨不能找太年輕的小姐，女主人（就是老婆大人啦）怕她會勾引男主人（本人啦），可是也不能太土、太老、太髒或太胖（胖的人行動力比較慢）。有鄉下來的連洗衣機、瓦斯爐都沒有看過。說到這就想到，阿姨的衛生習慣特別重要。

　　我們曾經有位阿姨用同一條抹布擦飯桌、抹地、洗馬桶，差點沒拿來洗臉。另有一位阿姨，第一次教她泡茶，告訴她需要先把第一泡倒掉，結果她泡了十分鐘後才倒，那還是得獎的台灣高山茶。

　　也有個很有經驗的阿姨，一來到我們家，每個廁所花了半個小時打掃，廚房清潔了一整天，像新的一樣，但是這位阿姨要求換掉舊的用具，老婆趕緊買新的還被嫌不好用，她還指定要五百人民幣的燙衣板，便宜的用不來。這位阿姨來的前幾天我們忙著幫她到處買東西，好像我們變成她的幫傭，莫名其妙。

　　家政勞務介紹所每到過年、鄉下農事繁忙時，都沒人出來找活兒，很多人也都要回老家幫忙。那時的阿姨荒，讓**不需要回鄉的阿姨，都趁**

這供需失調的機會跟老闆要求加薪，被服侍慣了的家庭主婦沒了阿姨不能活，只有認了，等大家過完年回來再秋後算帳。這一場阿姨和太太的戰爭一直重覆演出。

　　有些相處好的阿姨過年會要求放假跟家人聚聚，雇主也會主動加薪或給一個月的紅包，但太早把錢給阿姨，她可能一去不回頭，東家戰略上應先給一半，等回來再給另一半。

　　三年多來，上海經濟快速成長，所有民生物品和費用也跟著漲。市區內阿姨的月薪漲到兩千上下，郊區從六百漲到一千出頭，專給外國人住的樓就比隔壁當地人的樓多出50%。有的阿姨買菜回來，在電梯裏跹到剛從國外搬來的人挖角，現場加薪一百塊，二話不說當場跳槽，扔下煮一半的晚餐及肚子餓的小孩。她們為了每月多個幾塊錢就可以毫無人情義氣，簡直沒有倫理道德可言。

✡ 阿姨還會自己編故事

　　有些上海阿姨還只幫金髮老外做事，這些阿姨自覺高人一等，狗仗人勢，對一般樓下打掃的阿姨、維修人員兇的不得了。前面說上海阿姨比較不會跑，但她們又貴又嬌。曾有一個來我們家繞一圈就嫌太大，不幹了。另外有一位新的阿姨，第一天飯後用兩指拎著碗，放在水龍頭下沖完就擺在旁邊晾乾，連洗碗精都省了。

　　我們曾經用過一個湖北阿姨，大家和氣相處一年，她一直跟我們提到她兒子在老家努力讀書，內人三不五時就送她衣服玩具寄回老家，過年過節也少不了小紅包。阿姨直説她兒子拿到我們給的新奇玩具，被村裏的其

他小孩羨慕的半死。她老家是醫聖李時珍鄰近的村子，她母親手上有祖傳下來整本的偏方，成天幫村民義務看病，我們都深信不疑。

這位阿姨離開後半年，我們輾轉聽到她沒小孩，母親也不通醫術。原來她告訴雇主有小孩是因為比較好找事，她每一年都會找理由回老家過年。我們一個白癡家庭居然被她唬弄了一年。老婆聽到後沮喪不已，不是生氣阿姨騙我們，是氣自己那麼愚蠢無知，那麼容易相信人家。

✡ 和阿姨最安全的距離

一般東家與阿姨的蜜月期不到一個月，剛開始對東家呵護有加，日日工作勤奮。漸漸的惡性顯露、散漫打混，沒事幹就和別家的阿姨們聊天打屁，比工資，說東家閒話。

我們阿姨常常主動爆料其他樓層住戶的八卦，所以在阿姨面前不要說太多家裏的事。有經驗的朋友警告，雇主最要注意的就是不能對阿姨太好，不要過問她的事，反正也不知道是真是假，總而言之，您越兇她們就越聽話。

當然也有知足的、好的阿姨，日子有了她們是很幸福的。您們有認識的朋友，家裏有工作超過一年的阿姨，要恭喜她、要她惜福、要感恩。我們現在的阿姨還行，一直跟我們說她每天有熱水洗澡就好滿足了。她買菜、煮飯、泡茶、洗燙衣、打掃衛生一樣都沒少。

家裏有人不舒服，就趕快泡老家的中藥祕方給我們增加抵抗力，下雨天回家鞋子髒了馬上擦洗，咱們沒時間陪兒子玩就叫阿姨陪兒子踢球、騎腳踏車，口渴時擠新鮮的橘子汁、西瓜汁，大冬天想吃巷口的湯包馬上熱騰騰的端回來。

有一回阿姨把兒子出生後抱到現在的毛毯拿去洗，那是四邊都有小鬚鬚毛毛的毯子。**洗出來發現所有的小鬚鬚都打結糾在一起，兒子看到後，哭的比死了爹娘還傷心，阿姨嚇得一身汗**，馬上放下所有的工作把一根一根的結解開，她不吃不喝花了四個小時才完成，在解開千千結的過程中斷斷續續掉了十多條毛毛，從此兒子再也不讓他的毯子進洗衣機，那成為他一輩子的心理障礙，咳嗯，這是題外話。

✬ 沒了阿姨怎麼活啊？

有個很誇張的真實經典故事。一個朋友住上海昂貴的兩層獨棟別墅，冬天太冷起不了床，在被窩裏打手機給樓下的阿姨，叫她到樓上房間把暖氣打開，把要穿的衣服放到暖爐上烘熱，房間暖了才起床。

有一位被臺灣公司外派到上海數年的朋友，被總公司調回台上班，他的老婆與平常處在一起的好友們最後一次聚餐。用餐中免不了談到些捨不得朋友和居住數年的地方，好友們也極力安慰，**最後這位臺商夫人終於忍不住哭泣說 ：「在臺灣我沒有阿姨怎麼辦？」全體太太們啞口無言，想不出任何安慰的話，因為大家都不知道沒了阿姨要怎麼辦。**老實說，人是有惰性的，用久了阿姨依賴心會越來越重，到時候還真的離不開她們。

有一年聖誕假期，一家人到蘭卡威取暖幾天。回到家後發現做了一年的阿姨留了話在答錄機裏面，說她姐夫打麻將中風快不行了，要急著回家鄉看看。老婆欲哭無淚，我頭皮發麻，一大堆度假回來的髒衣服，收拾聖誕樹、早餐、中餐、晚餐、買菜，馬上要過農曆新年了，唉！無奈阿姨荒。

你們沒有我，就活不下去了吧！

特蒐。上海奇景

穿睡衣逛大街

　　數年前上海最有特色的街景，就是欣賞當地人穿睡衣逛大街。那時經濟剛開始改善，有件漂亮的睡衣是粉有面子地，所以愛秀的上海人喜歡穿睡衣逛大街。南京路、淮海路到了晚上就像開美國的 Pajama Party 一樣，百貨公司，街頭店家也都習以為常。本人最不能接受的**是女人們穿睡衣還配上高跟鞋，男人們更猛，居然穿皮鞋。**

　　近年來地方政府全方位地宣傳提升文化素質，極力教育市民除此惡習。上海人很長進，一轉眼我驚然發現，穿睡衣逛大街的情景已是可遇不可求。糟糕的是我收集的上海街頭照片中，居然沒有這麼具有特色的紀錄！基於賦予自己高度的歷史責任感和現實緊迫感，我對於自己沒收集到當地人穿睡衣逛大街的照片非常自責。

　　甚至有一回和朋友聊起，我們還考慮自己穿上睡衣到街頭自拍。終於有一次到上海郊區，才好不容易捕捉到這即將進入歷史的鏡頭，對後代總算有交待了，謝天謝地！

格子花樣才是王道！

巴子**不懂**的上海人

上海人是寧我負萬人，不可有一人負我，
自個兒佔了便宜乃覺理所當然，甚至還沾沾自喜。
但是見到他人有了好處就天理難容。
他們認為全世界都在佔上海人的便宜，
他們從中拿點好處也是應該的。他們貪小便宜但不會害人，
他們只會在一旁磨刀，等待著撈到一點是一點……

太多的文章討論過上海人的特性，大陸名作家余秋雨説過，幾乎全國各地對上海人都沒有太好的評價。精明、驕傲、會盤算、能言善道、自由散漫、不厚道、排外、對人冷淡、吝嗇、自私、趕時髦、浮華、瑣碎、沒有集體觀念、好標新立異、世俗氣如此等等加在一起，就是外地人心目中標準上海人的形象。據我住在上海三年來的觀察與分析發覺，對上海人生活習性表現出的哲學值得再研究與探討。

先簡單的説説他們民族的個性，他們不只是自掃門前雪，上海人是寧我負萬人，不可有一人負我，小心眼又見不得別人好。自個兒佔了便宜乃覺理所當然，天經地義甚至還沾沾自喜。見到他人有了好處就天理難容，他們絕對為自己爭取到最大的福利，所謂禮讓、謙虛值幾個錢？上海人務實的性格，不屑於呈現出那虛假的道德面孔來換取自己的利益。

以前我説了半天上海人節省的美德，咱們從公車上來看就知道，那些擋陽光的窗簾，幾乎每天都有損壞的，有的被拿來擦嘴、擦汗，有的拿來當擦鞋布，更有的直接拆了拿回家不知道做啥用。

全世界都在佔上海人便宜

為了省幾塊錢在麵包店前排四點半，寒天凍地裏等半個小時買打折雞蛋。您到了自助餐店又是另一個樣，換個地方就好像換個腦袋，**上海人吃自助餐特別浪費，拿的絕對比吃的多很多，自己吃不完也不讓別人多拿。往好處說這是他們做人純真，不拘小節，不需要理會外人的眼光，為自己據理力爭，毫不做作。**

上海人覺得全世界都在賺上海的錢，來佔他們的便宜，他們從中拿點好處也是應該的。大家要記得，他們貪小便宜但不會害人，他們只會在一旁磨刀，等待著撈到一點是一點。

最令人印象深刻的就是數年前外國超市「易初蓮花」開幕日，第一天擁進了成千上萬的客人，現場亂成一堆可想而知，熟食品部的烤雞準備了六百多隻銷售一空。老外經理辛苦了一天，打烊時被服務員告知，在廁所裡發現堆積成山的雞骨頭。收銀台一查，只記錄賣了兩百多隻！對了，除了雞骨頭外還有不少啤酒和飲料的空瓶。

會享受的上海人在廁所享用烤雞時不忘解渴，後來有多事的記者訪問當地的上海人，他們對這事件給了個說法，「那麼大的店賺咱們多少錢啊！一小塊雞算啥，更何況大家都在吃，我要是在場也會吃。」您可以說那是他們的惡習，也可以說那是上海人的生活智慧。

✬ 避重就輕才是上海人

上海人血裏流著另一種特性，好聽的說法是見義勇為，但俗稱多管閒事。例如有人在路邊吵架，那絕對是一大堆人圍觀，吵得越大聲人群就越多。有時候在路邊買東西殺價大聲一點也會吸引不少多事的人駐足。

他們非常熱衷圍觀和他們不相干的事，小販與客人殺價進行中，也會插進一兩句湊湊熱鬧，但如果真的需要他們仗義執言，熱心伸出援手時就難上加難。

　　最常看到的就是有人騎腳踏車被撞倒，路人圍成一圈指指點點，沒人會主動去扶起摔跤的人。外來的人對他們避實擊虛行為很不以為然，這樣的行為叫做關心人生，參與人生，但避免過份投入，蜻蜓點水就行，免得惹一身腥，實在佩服他們如此懂得保護自己。

　　上海人急功近利的性格也不怕別人知道，家裡請的阿姨可以為了多拿一百元馬上換東家，爐子在燒，孩子在叫，收了包袱就走人。記得幫我們裝修的老闆，這老大當時還跟我借車去談生意，利用他人的財力來漲自己威風的作法，我們臉皮薄的只能甘拜下風，屁股必需給他翹高一點。

✡ 上海以外全部是「巴子」

　　上海人說一口鳥語，把外地人當成豬。一看別人說有什麼不好的行為，比如闖紅燈什麼的，馬上就會說「那肯定是外地人」。

　　就拿外地人來說吧！上海人把他們統稱「鄉下人」，時髦一點的叫法是「巴子」，香港人叫「港巴子」，台灣人叫「台巴子」，外地大陸人叫「鄉巴子」。有個外地人說過他在上海沒啥朋友，曾經試著單方面想請人出來陪我喝點小酒，可是男人們懷疑要找他借錢，女人們懷疑要跟她上床。

　　那麼上海人看上海人呢？浦西人瞧不起浦東人，在浦西徐匯，靜安區的街坊瞧不起普陀南市區的人，住在淮海路、衡山路上的居民更自視為人上之人，至於**以前大陸政要聚集的興國路，那一般的市民聽到都會肅然起敬，住在那條路上的人乃為天下至尊**。無形中市民自動區隔分類，發自於內心的尊卑階級制度，這是我們「巴子」學不來的。

有人看完可能覺得我瞧不起上海人，我並非故意要扭曲他們的形象，北京人絕對會同意我的看法，我不過是將所見所聞描述記錄。更何況您沒看到文章裏每一段的結尾不都是在稱讚，敬佩和擁頌他們嗎？我感激他們讓我重新學會如何生存。

如果有一個上海人不喜歡您，您絕對不會從他口中聽到不好聽的話。他就是會有辦法讓您感到彆扭，全身不對勁兒，回到家裏氣到自己抓狂。大家如果有看不慣的上海朋友，我教您一句讓上海人尷尬的讚美語。您可以稱讚他們「**大哥（大姐），您做人真好，太不像上海人了！**」

上海人，真難懂呀！

巴子

上海美女愛做的事

上海妹妹因為一胎制，所以大多是獨生女，
他們以從小到大都沒進過廚房，沒洗過衣服為傲。
上海女人的打扮應在整個中國屬於高水準，
她們很懂得保養，現代的上海女人吃燕窩魚翅，
上美容院，去健身房，這叫做「三花牌」美女，
就是說一切都是花錢、花時間、花功夫做出來的……

　　白先勇跟張愛玲描寫的上海姑娘溫婉，嬌俏模樣，姿色絕美，亮麗嬌媚，皮膚白晰，話語清脆，溫馨而甜美，柔和飄逸，無微不至，直透人心。上海女人擅於發嗲襯托出她那特有的嬌媚、溫柔、情趣、魅力，總是輕輕柔柔的，有化若無骨的溫情。上海女人有那麼好嗎？各位看得心癢癢的男士別把大蒜當水仙，我來說給您聽。

　　有人說上海小姐都吃不胖，經過我長久的研究與觀察發現，上海小姐運動特多──口腔運動特多，呱噪、不停的嘀咕，無休止的碎碎唸，我們家的上海阿姨一個人在廚房也常咕嚕咕嚕的不知道在說啥。

　　有時候兩三句話就可以交代的事非要說個十分鐘，好像只要是有意識的時候嘴巴就會動個不停。每天上班坐電梯時，如果電梯裡都是男生那就非常安靜，各自做白日夢，但碰上幾個職業婦女就會嘰喳聲吵的不停，噪音有如黃河之水，滔滔不絕，魔音傳腦，三日不絕於耳。

　　有一次在城煌廟**看到一位長髮飄逸、面貌姣好年輕小姐的背影，她苗條的身軀站在電梯前**，看的我賞心悅目，只見她頭一撇，甩起那絲絲秀髮，小嘴一嘟，一口痰往牆角射去！唉，**一切幻象化為烏有**，小姐進了電梯，留下錯愕的我。上海一般人的文化要怎麼說呢？套句他們的話──這不好說。

✬ 三花牌美女是下功夫做的

　　上海妹妹因為一胎制，所以大多是獨生女，在父母親專注的愛心灌溉和沒有兄弟姐妹的競爭之下，變成了名副其實、嬌生慣養的一代。上海女

生們常跟人説：「我從小到大都沒進過廚房，沒自個兒洗過衣服！」彷彿讓父母洗衣服是件多麼令人驕傲的事情。

上海小姐裝扮時髦是大家常常聽到的，雖然她們住的是狹小的閣層，但是她們一定把自己收拾得優雅得體，上海人形容女生漂亮説法是「高回頭率」，上海女孩的生存就是為了「回頭率」。

上世紀三〇年代的那些上海騷客們感嘆：上海的女子在她們走出弄堂之時，已經把自己收拾體當，立刻與這個繁華都市融為一體了。上海女人的打扮在整個中國應該是屬於高水準，她們也懂得保養。**現代的上海女人吃燕窩魚翅，上美容院，去健身房。這叫做「三花牌」：一切都是花錢，花時間，花功夫做出來的。**

上海女人精明、驕傲、會盤算、能言善道、排外、對人冷淡、吝嗇、自私、趕時髦、浮華、瑣碎等等。聰明一點的男人不禁要問，上海姑娘憑什麼那麼拿俏？最後結論還是怪到男人身上。所謂「女人紅，因為有男人捧；女人壞，因為有男人寵！」唉！男人真──犯賤。哦，這是我朋友説的，絕對不是我心中的話。

✦ 有錢沒錢一次講清楚

有個ABC華裔知青（知識青年）從美國搬來到上海，一年多的時光裏，在各式各樣的場合認識了至少四、五十位適婚的女子。有一天跟我喝酒聊天，他沮喪的説：「這些上海未婚女子大多在第一天認識的時候就問他在哪個單位工作？啥職位？賺多少錢？在美國有沒有房子？」蝦米！這、這、這、會不會太直接了點？ OH！美麗的上海姑娘，她們獨特的現實思想，在任何時候都會牢牢把握住關鍵環節，努力實現，突破重點。

　　上海姑娘們就像傳說中龍的第九個兒子「貔貅」（註解1），特性乃嘴大無肛，只進不出，很多商人會擺個「貔貅」在公司，表示財只進不出。上海女孩跟男友混在一處時，「你就活該給我錢買這買那」，手裏拿著人家送的，骨子裡的那份跟龍一般的優越感卻生生不息，一點兒都沒有拿人手軟的想法。對於上海女人來講，愛情是需要出賣的，對於上海男人來說，愛情是需要購買的，YEAH！這就是上海。　.

✡ 上海妹妹，天天在過節

　　有人說上海女人需要呵護備至，上海這地方百花齊放，土洋大結合，網路上有人仔細的算過，上海女人要男人陪伴的節日說出來會嚇死人。從年底聖誕節算起，要有聖誕大餐，新年要有跨年舞會，農曆年放長假，肯定要求男友花費外出旅遊幾天，還沒眨個眼就接著情人節，沒花、沒巧克力的話您就等著看臉色吧！

　　春天三月好不容易天氣轉暖，該是解解悶的時候了，沒錢的就帶女友遊蘇杭，有點錢的遊海南；清明時節雨紛紛，但還是要來個踏青遊；五一黃金週到香港瞎拼補點夏裝；六月帶姪兒姪女到動物園看熊貓；七、八、九月天熱，每晚到商場、餐廳、酒吧吹冷氣，歇歇氣外偶爾還要避避暑。

　　轉眼就是十一國慶，長長的五天假期到普吉島抓住夏天的尾巴；秋高氣爽過後，年底聖誕又來到，年復一年，男人的皮包開開關關沒有休息過。以上是說未婚男女之間的關係，當男友變成老公時又是另一回事。

　　娶上海女人需要guts！這是除了瞎子以外，每個在上海的男人都有的共識，不管你是土生土長的上海男人，還是外地來的，**反正要娶上海女人做太太或二奶，先要做好準備付出生命的所有，不要期望回**

收，所謂「吃得苦中苦，也難為人上人」的思想準備工作，要做到位才不會後悔。要當個上海理想女婿，腦子要活絡但只對外，對老婆，要寵、要哄、要聽、要怕，簡單說就是要「絕對服從」。

✦ 吃死老公再嫁個老公

聽我們家上海師傅說，有段時間上海流行一句話「不吃香煙，少吃老酒，聽老婆閒話，跟共產黨走」，這句話一看又是上海女人想出來的。上海女人的終生名言是：「嫁老公，吃老公，吃死老公再嫁個老公」。

要說她們的功夫只要一個，就是能把老公調教的個個像小貓一樣乖巧，如小狗一樣聽話。前面說的那位美國華裔朋友最後還是娶了上海姑娘，婚禮時只見到新娘到處拉著新郎跟客人招呼寒暄敬酒，婚禮結束時我們和新人告別，新娘還問我們怎麼不留下來鬧洞房，沒看過新娘那麼開放的，可惜我要趕回家，不然可以好好瞧瞧上海姑娘洞房的厲害。

舉一個親身經歷讓您更瞭解上海女人。有一次不明不白的被上海寶馬代理商請去參加新車發表會，當晚還有X.O.名酒品嘗活動，心裡想有吃有喝，這高級的活動沒有理由不去，另外還能長點見識，看看上海有錢人是麼樣兒。

那天晚上與我的愛人盛裝赴宴，新車發表會介紹最新的750L倒也沒令我失望，餐前人頭馬X.O.的經理開始介紹白蘭地的處方，他發給每一位貴賓一小杯盛著一百年的酒，一邊忙著解釋艱難複雜的製作過程，一邊請來賓搖晃酒杯讓酒香散發出來，經理請大家聞聞酒杯口，然後問大家有沒有聞到什麼特別的味兒？

有人説——葡萄，
有人説——玫瑰，
也有人説——橡木，

我突然聽到後面一個太太輕輕的説——這不是洗衣肥皂的味兒嗎？酒廠經理臉上三條黑線是很容易想像的出來地，這就是有錢上海太太的水平。

✿ 做人當然只做老闆娘

上海有一個很有名、又貴的嚇人的餐廳，老闆是老華僑，他年高七十娶了個二十多歲嬌滴滴的上海姑娘，居然還生了個兒子。老人家年紀大不耐熱，七十二歲死在床上，千萬遺產歸給小姑娘。兩三年的功夫換來一生富貴，值！划得來！

上海女人絕對懂得一山還比一山高的道理，但務實的上海女人肯定會先把短期的目標放在眼前的小山，爬上了小山才能更接近大山，有機會接觸大款就把踩腳石唾棄，簡單的說就是**第一眼看見一個小老闆，透過他認識一個中老闆，後來又結識了大老闆，嫁給誰都是當老闆娘。**

好了，這就是我從各方得到有關上海女人的資料，先聲明，本人親身經歷的事件，我照實描述，其他的都不是我個人想法，阿拉（我）不是故意要扭曲任何事實，冤有頭債有主，上海姑娘看了這篇文如果有排山倒海的不服氣，請找你們的男人出氣，嚇嚇儂（謝謝您）。

註1：貔貅是龍的兒子，傳説龍生九子，神通不一。相傳貔貅是龍王第九子，勝父千倍，長大嘴，貌似金蟾，披鱗，甲形如麒麟，取而獸之優，有嘴無屁股，吞萬物而不瀉。可招八方財，可聚寶，只進不出，神通特異，有史載以來，是求財者的頂膜，他能給你帶來無窮的財富和吉祥。招財納福，逢凶化吉是也。

這就是**男人的涵養**

再高貴的上海男人，在單位裏是一夫當關、萬夫莫敵，
回到家馬上繫上方格圍裙，忙裡忙外，做飯洗碗倒垃圾，
早上送孩子上學，晚上接孩子回家，陪做功課，
週末去菜場討價還價，然後拉著女兒去練琴，
偶爾有空，手牽小孩嬌妻，一起去了丈母娘家幫忙打掃衛生……

　　很多人都說上海男人好，一九九七年年初，龍應台在大陸的報上刊出《啊，上海男人！》冠予上海男人是男女平權先鋒的榮譽。文章中，龍應台稱讚上海男人可以買菜燒飯拖地而不覺得自己低微，可以洗女人的內衣褲而不覺得自己卑賤，上海男人是世界的稀有品種，是二十世紀追求解放的新女性所夢寐以求的。

　　龍應台萬萬沒有想到她對上海男人的讚美，竟然引發了上海有史以來最大的口水戰。素以溫柔與懼內聞名的上海男人們群起斥之，大戰數月，龍應台敵不過群雄，敗北收場。多年後的今天，在上海說出龍應台的名字當地男人都不會有好臉色，他們還對這篇文章耿耿於懷，今天讓我也來說說上海男人的好話。

　　上海男人到底好在哪裡呢？上海女性在網路上有給個說法：戴副秀才眼鏡，繫一條方格圍裙，忙裡忙外，做菜做飯，洗碗倒垃圾，早上送孩子上學，晚上接孩子回家，陪孩子做功課，週末去菜場討價還價，然後拉著女兒去練琴、畫畫、上英文課。偶爾有空，手牽小孩嬌妻，一起去了丈母娘家幫忙打掃衛生。

　　這些標準，一看就知道是上海女人想出來的，但女人們歡喜，就成了上海男人做人的終極目標，這是上海女人的厲害，也是上海男人的無敵雅量。正應驗了一句老話：男人花了一輩子征服世界，女人只要征服男人就擁有全世界。

　　中國近年被西方文化影響，「女權至上」對了上海女人的胃口，上海年輕女人不會燒菜被視為理所當然，大家還會豎起拇指稱讚為「有福

氣」；但如果上海老公不會燒菜，就會被老婆罵到臭頭，跪洗衣板。「跪搓板」這句上海的閒話，用膝蓋想也知道這形容詞是男人專用，上海女人想出來的家居酷刑。

✡ 太太儘管吩咐，小的等候差遣

我們搬到上海三年多，電視上經常看到上海現代戲裏頭，每一個男人哥兒們聊天比大聲，但碰到老婆馬上低頭縮腰。有人說現在的上海男人，別說打老婆，就是罵，也在心裡，臉上依然不慍不火，所謂大丈夫喜怒不形於色，這是上海男人的涵養。

上海老公超顧家的，婚前豪放粗獷又廣交四海，結婚後鴿子回棚，兄弟絕交。**再高貴的上海男人，哪怕是領導、經理、廠長、老闆，在單位裏是一夫當關、萬夫莫敵之勢，牛氣沖天，捨我其誰？回到家裡則是「小孩老大，老婆老二，自己老三，簡稱低頭阿三」。**

今日在上海流行男人的價值觀是，如果太太「不幸」有份好的工作，上海女婿要主動承擔大部分家務事。比如講早晨送寶貝兒子上幼兒園，屋裏晾晾衣裳等等。我有個業務經理，他每天十點才來上班，本來我誤以為他貪睡，結果不是，他每天六點起床，做完家事，送老婆上班後才進公司。

好個上海男人，

修指甲不輸女人！

　　上海男人忙好自己家，就算是再怎麼疲憊不堪，也不忘還有愛人的娘家，雙休日裏，要抱著愉快的心情抽空幫娘家做做事，這樣才能讓老婆臉上好過。

　　在網路上看過一篇文章講上海男人的魅力：晚餐時間，充滿油煙的廚房，一個上海男人正滿頭大汗地燒著他的第八盤菜。清香瀰漫著客廳，上海男人的妻子陪著她的女友們正在聊毛衣的第八種織法。一會兒，菜餚魚貫而出，上海男人最後一次隨菜而出時，餐桌上已擺了滿滿九盤菜。**妻子滿意的看了一眼她的男人，男人誠惶誠恐：「還有什麼活，您儘管吩咐！」**

✡ 女人的戲碼全會唱

　　上海男人看到舞廳上漂亮的美眉會湊過去看半天，然後說「我跳得比她好」。上海男人發起嗲，女人照樣受不了。上海男人嘛，女人的戲碼全會唱，女人的事兒比女人做的更仔細，永遠那樣溫柔體貼、婆婆媽媽，讓人時時覺得悵然若失又挑不出毛病，軟綿綿的沒勁兒。無論是涵養還是雅量，這就是上海男人做人處世的原則。

　　未婚的女性們，瞭解了上海男人後有沒有提高擇友標準？已婚的婦女們，有沒有發現妳現在身旁的臭男人一無是處？

親愛的老婆大人，我先去倒垃圾，回來再幫你按摩哦！

上海，鳥事多

上海，鳥事多

駕照還是台灣的好用

有個台商朋友在上海混了N年，
有一回他在高速公路超速又超車，
很不幸的被交警招呼了下來，
警察指示要看駕照，
朋友老神在在的掏出中華民國臺灣省駕照……

二○○四年底上海發出了一個新的交通規則，那就是所有外地來的車在上下班時間（07:00～09:00，16:30～19:00）不允許開到市區內的高架道路上，抓到就罰兩百元人民幣。有效率的上海政府從發布到執行只要一個禮拜。像我一樣的蠢蛋都以為這新的交通法頒出來，是為了疏散擁擠的上海交通，後來我們家開車師傅給我上了一課，我才瞭解真正的原因。

原來上下班容易出車禍，有很多的外地車發生交通事故後落跑，外地的牌照上海公安不好查，政府單位越區辦事非常不方便，導致外地的肇事者無法可管，於是外地人在上海開車就越來越囂張。市政府裏有個聰明的官員就想到乾脆交通繁忙的時段不准外地車上高架。這可是一舉三得，車少了點，交通事故也會跟著少，另外開罰單還可以增加政府營收。

上海人有錢賺的事兒，腦子動的特快，很多利用交通法律漏洞賺大錢。在大陸買車要付一大筆錢申請牌照，例如上海每個月政府拍賣新車牌，一般至少要人民幣四萬左右（約十六萬台幣）。上有政策，下有對策，很多人開始用假車牌。黑市業者申請的一個合法車牌，然後去申報遺失，拿了第二個車牌去黑市賣錢，過一陣子又去報遺失，又可以賺錢。只要與發牌照的相關部門關係良好就一直可以做下去。掛了假車牌的車當地上海人叫「客隆車」（可能是clone的英翻中吧）。

✡ 台灣駕照超好用

有個台商朋友在上海混了N年，他說開車是台灣駕照最好用。有一回他在高速公路交流道超速又超車，雙重犯規，很不幸的被交警招呼了下來，警察指示要看駕照。朋友老神在在的掏出中華民國臺灣省駕照。

警察仔細一瞧：「師傅，這不好用。」
　　朋友：「同志，怎不好用啊？」
　　警察：「這……是台灣的駕照啊！在上海不好用。」
　　朋友：「同志，那福建的駕照好不好啊？」
警察如釋重負：「好用！好用！拿出來。」
　　朋友：「福建的好用，那為什麼台灣的不能用？
　　　　　中央不老說台灣是中國的一部分嗎？同
　　　　　志，你意識搞國土分裂哦！」

　　這交通事故扯到政治面那事情就大條了！警察馬上請示領導，他帶了一位看起來好像職位高一點的警察回來。領導瞭解狀況後叫小警察開罰單。小警察一頭霧水，

問領導：「那地址填什麼？」
　領導：「寫──祖國吧！」
小警察：「那──寫犯啥錯？」
　領導：「寫──就寫有錯唄！」

　　這交通事件還沒了，在上海吃罰單是要當下付的，很多駕駛員都會與警察討價還價。這時朋友拿到兩百元罰單後跟領導說：「領導，我只有一百。不夠的話就把罰單寄到家裡。」 領導想想，總不能把罰單寄到台灣吧，當場爽快的收了一百元人民幣，真是皆大歡喜。上海交通執法也有可愛有趣的一面。

特蒐。上海奇景

車牌也有祕密

　　老鄧決定開發上海的時候，許多給面子的外資公司遷入此地。那時候能有車的人非富即貴，背後靠山一個比一個大。一般警察看到犯規的車牌號碼小於「滬A-A0200」的話都不敢抓，那樣的車牌代表車主是全上海最先拿到車牌的前兩百名，他們惹不起，就算在交警面前違規，都當作沒看到。

　　另外，常常會看到有的車牌前頭有「WJ」兩個英文字母，那是代表武警，有了它您可以不用理會許許多多複雜的交通規矩，違規停車或闖紅燈都不用怕，高速公路收費站直接衝過去也沒人會攔住您，比臺灣 ETC 還方便。WJ 在黑市一萬人民幣的代價，帶給您永久的方便。

　　上海的車牌號碼中有一個小點。別小看那微不足道的白點，它的存在是很重要的，聽說街頭測速的紅外線機器，就是靠這小點點才能聚焦清楚地照到違規的車牌號碼。所謂上有政策，下有對策，政府這戲碼實行後，聰明的上海開車師傅們，把那小點從車牌上挖掉，所謂一山還有一山高。我非常不解的是，交警看到挖掉點點的車牌也沒反應。

把白點去掉，就不怕測速器啦！

阿逗仔

會排隊的準是**無知老外**

車站到處是先下後上的標誌，
但永遠不會有人遵守，
如果您真的看到有人先下後上，
那肯定是被視為智障的外國人，
而他必然很快地、無情地，
遭到後面的人羞辱……

　　上海人不愛排隊我認為也是當地人貪小便宜、急功近利的一種心態。凡是在上海乘公交車（公車）超過三個月的，沒有不被車門夾過的！您到上海的地鐵就一目了然，這裡是最實際在地生活的體驗平臺。

　　車站裏到處都是先下後上的標誌，但永遠不會有人遵守這基本的搭車規矩。想下車的人常常一腳出門，就馬上被上車的人潮擠了回來。公司裏有幾個年輕力壯的小夥子，常常上班遲到，說坐過站因為下不了車。**如果您真的看到有旅客等別人先下後上，那肯定是被視為智障的外國人，而他必然很快地、無情地遭到後面的人羞辱。**

　　另外一個非常有意思的情景，您很容易發現，如果地鐵或公車上有空位，爭先恐後上車的人會不顧形象，以跑百米的速度去搶位子。如果兩位已坐定的乘客中間有拳頭大的空間，也會有人想盡方法延伸空間擠下他（她）的屁股。

　　我碰過座位上已坐滿了人，我與旁邊的人之間僅有五公分的空隙（因為我對隔壁老兄的汗味敏感），剛上車的一位乘客找不到位子坐，他走到我面前，往那空隙一指，說「讓一讓」，他硬要我們往兩旁擠，我們還沒來得及反應，他老大就很大方的一屁股塞進來。

　　上海小孩成長在這弱肉強食的社會，眼尖反應快，個個訓練有素，帶著兒童坐地鐵的大人們，會利用車門剛開一個小縫的剎那間，讓小孩先竄進去卡位。機靈的小鬼一屁股坐下後兩手往左右一伸，神態得意地等著大人到來。

最讓人難以理解的是，有人只坐一站也要辛辛苦苦搶位子，好像有座位是很風光的事，哈哈，站的人都是笨蛋，沒我有面子，這是我很難瞭解的奇怪心態。當地人坐公車、地鐵的時候，看到老弱婦孺絕對不會心軟，有的人閉目養神，有人抓著手機猛打簡訊，有人假裝目光呆滯，反正就看不到讓位的情形。如果有人起立讓座，那一定「又是一位愚蠢的外國人」。

也有聽同事說過，他們曾經嘗試過讓位，老弱婦孺還沒會意過來，居然被敏捷靈活又眼明手快的年輕人搶走了位子，從此同事也不願意再做笨蛋了。

✧ 門診間的顯示器只是裝飾品

不排隊雜亂的現象不限於地鐵或公車站。有一回我家夫人帶犬子去看耳鼻喉科，那是當地很有名氣的復旦大學附屬醫院，頗具規模又現代化。掛號後，拿一個號碼到專科地區等候，老婆帶著兒子就在耳科地區等著。

耳科區有四個醫生的房間，房間門上都有顯示器標示現在看病者的號碼。詭異的是，既然是按照號碼看病，那為什麼每個門口都擠滿了人？只要有病人從房間出來，就看到擠在最前面的人衝進去，**醫生一個人在房裡低頭寫字，沒有任何護士在一旁幫忙，醫生沒來得及叫下一位病人，就有人搶著坐下，醫師只好來者不拒，門口的號碼顯示牌形同虛設。**

內人與一位見義勇為的年輕人現場當起交通大隊，好笑的是那些原本橫衝直撞的人，都開始聽候指揮排起隊來。當我們家小朋友看完醫生走出房間時，等候區已恢復了原來那生氣蓬勃的熱鬧景象。

✦ 買快樂兒童餐？一點都不快樂

　　拒絕排隊不只限於車站和醫院，人多的地方就可以看到。肯德基在大陸開了超過一千家，從早到晚客人都滿滿。剛從美國來到上海沒幾個禮拜，兒子突然想吃肯德基，於是我們決定到淮海路上，規模很大的一家肯德基店。

　　裡面就如我們預期的人潮洶湧，店內激情澎湃，我們非常有效率的分配工作：我去搶位子，兒子跟老媽去買雞。我很快的完成我的任務，沾沾自喜的等了二十分鐘，尚未見到妻小蹤影，只好很不甘心的放棄位子，走向茫茫人海的櫃檯尋找遺失的家屬。

　　終於看到怒髮沖冠的老婆帶著愁眉苦臉的小孩，端著一盤快樂兒童套餐緩緩走來。原來**這兩個受美國文化禮節薰陶的弱勢人士，好不容易排到收銀機，突然之間很多很多的手從四面八方出現在她與收銀員之間，媽媽以為自己變成了千手觀音。**那收銀員低著頭只管收錢，老婆呆站在收銀機前整整十分鐘，收銀員都沒瞧她一眼，老婆一怒之下把錢伸到收銀員鼻子前，才勉強完成「快樂套餐」的交易。

✦ 下流無賴才能達到目的

　　小孩子在刻苦險惡的環境中成長的特快。剛到上海，我們總是到古北家樂福添購小電器。在家樂福買電器，像DVD、電風扇等都要付完錢後，拿發票去取維修證，當然那換取維修證的地方也如一片殺戮戰場。

　　有一次因為媽媽需要繼續瞎拼，於是就叫小朋友去換取維修證。十分鐘後小朋友帶著滿腹委屈空手而歸，他說好不容易擠進窗口又被人擠了出來，經過一番努力終於到達了戰場中心，可惜小手太慢、嗓門太小、身高太矮，沒人注意到他的存在。在咱夫妻的激勵下教導他要不擇手段，不要放棄，Just Do It! Nothing is impossible! 小朋友再一次面對現實上海的挑戰。

　　我們只見小影子一下子擠進人潮，他個小，化缺點為優點，沒多久就成功的擠到了前面，在窗口的阿姨很快注意到正在爬上櫃檯的小子，很迅速的完成任務。**上海排隊原則上非常簡單，就是快、狠、準，運用一切下流、低級、無賴手段達到終極目的**。有趣的是一旦有人挺身而出、伸張正義時，大家都會很文明的排起隊來。

✡ 傑克，這真是太神奇了

　　最近在辦公室有些空檔，無聊的時候就拿起望遠鏡，從三十八樓觀察上海市區。有天突然看到一排人龍，整整齊齊站在公車站前！震驚的我差一點把望遠鏡掉到地上，一陣驚慌錯亂中，把幾個大陸同事叫來分析這奇景。有一位**老鳥同事說，「這是全上海唯一有人排隊的巴士站」**，且聽他慢慢道來。

　　話說數年前上海政府重新規劃火車站附近的巴士站，這神奇巴士站正好在搞人行道整修，不知道那一個工人為了不讓等候的人亂跑，他用欄

神奇車站，

大家竟然都在排隊！

杆把人行道內部圍住。因為馬路上車子橫衝直撞，等候的人為了自身的安全，很自然的在馬路與欄杆之間等巴士，不知不覺中等候公車的人群就形成一條線。

過了很久，人行道整修完畢後欄杆被工人搬走，但可愛的上海人還是很有規律的繼續排隊。有些搞不清楚狀況的新人插隊就引起眾怒，這個行為一直延續到今，這就是傳奇巴士站的由來，看來中國還是有希望的。

✦ 打低，記得先鎖門在說

再說一個真實的故事，在上海下雨天「打低」（叫計程車）是非常痛苦的事。二○○三年有另一位老外同事也剛搬來上海，住在浦西的徐匯區，他們有一個女兒在浦東上Concordia中學。一個下大雨的冬天傍晚，小妹妹補完習準備回家。因為時間太晚校車都開走了，只好叫計程車。

路上已有許多人在等空車，計程車就好像吸鐵般，只要有車停下，人群就追著搶。過了半個小時，跑、追、叫、搶的人們只變的越來越多，女同學還在淋雨。好不容易有一台計程車正好停在她面前，在一群人衝向她時，女同學機伶的閃進車內，快速關上車門，就在女同學喘口氣的剎那間，門被打開……一支有力的手把她拉下車，淋濕的可憐蟲還沒搞清楚東西南北，就只見出租車呼嘯而去。

註：上海在二○○六年之後街頭的公車站已可以看到不少排隊的情景了，但地鐵站還是一樣的混亂。大致上來說，人民素質算有改善。

到底什麼時候才會輪到我呀？

垃圾也能變黃金

在上海的古典家具店裏看到的客人都是老外，
他們對中國古式家具情有獨鍾。
初來到上海和我家夫人週末的娛樂，
就是逛古式家具店，這些家具，
在當地人看起來是垃圾，但經過師傅的巧手，
個個變成閃亮無比，又充滿懷古風情……

　　初來到上海和我家夫人週末的娛樂就是逛古式家具店，小板凳、珠寶箱、木桌、太師椅、衣櫃都買，堆到家裏快放不下。**當地人覺得這些是垃圾，家裏用過的幾個阿姨都懷疑我們頭殼壞掉**。三年前這些家具的價格比起美國最普通的家具便宜太多了。最近也許是貨源越來越少，價錢都漲了一倍以上。

　　在上海的古典家具店裏看到的客人都是老外，他們對中國古式家具情有獨鍾，剛來上海的老外，買了添置家具；要回國的老外，買的更多帶上貨櫃回老家。上海古北區一路上都是這樣的店，這些古式家具店大約可以分類成兩種。

　　第一種是賣真正的古董家具，大多是明朝或清朝樣式，材料有紫檀木、花梨木等。但是我們被騙的太多，眼睛很瞎，水仙當大蒜，看到的都覺得不對勁兒，這類的店不是我這樣的凡夫俗子懂得欣賞的。大部分的古式家具店是第二種，賣的是老木頭新做，改良老式家具。

　　全中國大陸這幾十年來到處在拆老房子，清末民初的木頭貨源不少。另外很多鄉村家庭搞現代化，把家裏老舊的木櫃、木箱丟掉。家具店都常年派人在鄉下地方走動，低價收購這些沒人要的東西。破舊的老家具從內地如西安、山西、新疆、安徽、山東、廣東、福建運來，缺腳破門的比比皆是，一個大倉庫堆得滿坑滿谷，這積滿灰塵的地方就是給我們撈寶的地方。

✿閃。亮。大。變。身

您看了也許覺得這些爛東西我怎麼買回家？家具店裏都有幾位可以化腐朽為神奇的師傅，把這些被遺棄的木頭賦予新的生命。廠家給買家非常大的想像空間，例如把巨大木頭門做成書桌面，把廚房裏碗筷櫃改成酒櫃，山西大櫃變成電視音響櫃，這些回收的家具，廠家會加上些新的設計符合現代人的生活要求。

您也可以要求自己設計，我們就把一個民國初期的文件櫃改成老婆的化妝櫃子，上層小門內側裝上鏡子，下面抽屜用木條隔成小格子，朋友看過都說好，店裏老闆另外偷偷做了幾個，結果這設計變成那家店的搶手貨。我想我們樂此不疲有部分的原因是，在大倉庫老舊的木頭裏挑戰自己的眼光與想像能力，最後看到爛如垃圾的木頭變成實用的東西，會很有成就感的。

✿沒良心店家棺木也拆來賣

家具店裏也會展出許多成品，如果有興趣一定要問是不是老木頭做的，好處是，老木頭經過數十年的熱脹冷縮，風吹雨打不容易裂；**恐怖的是，老木頭來源不可靠，就怕是沒良心的店家用棺木拆下來的木頭**。這時候就一定要找可靠的店，不能看到便宜就買。不同的木頭價錢差距很遠。花梨木是貴族的玩意兒，像我們這種平民能負擔的都是樟木、榆木或黑木。

　　近幾年來流行西藏櫃子，幾乎所有的藏式家具都被絢麗的彩繪所覆蓋，工匠們用的彩繪顏料是一種礦物質顏料，顏色可以保持較長期的鮮豔，在描繪技法上富有層次，色彩鮮艷且民間意趣濃厚，有些圖案構思大膽，意象詭譎又極具現代感，而且其表面裝飾多數採用金色彩繪圖案和雕刻裝飾圖案。

　　材質一般多用核桃木、松木（如雪松）、林芝雲杉和喜馬拉雅紅杉等軟木製作，軟木輕巧適合遊牧民族，神祕的雪域情懷彩繪與獸皮鑲嵌的藏式家具很受歡迎。也有不少廠家走上海三〇年代的懷舊風，老沙發、老梳妝臺、裁縫機、琉璃燈、電扇、貝雕木椅等，讓人想到風情萬種的張愛玲、浪漫的徐志摩，不過這些民國時期的Shanghai Deco價錢可不便宜。

✤不肖孫連祖先排位都敢賣

　　我看過最誇張的有兩個東西，一個是很豪華的祖宗牌位，從牌位上看好像是一位進士，這位有學問的祖先在天之靈會不會很生氣自己子孫不長進？窮到要賣祖宗牌位。

　　另一個是不知道從哪的廟宇拆下來的石牆，牆上刻著滿滿的坐佛，老闆才出價一萬人民幣，這看起來有幾個世紀的好東西，就被擺在露天的院子裏，幾個月後去看，老闆已經賣給了老外，不知道該高興還是怨嘆，阿彌陀佛。

天壽孫，

祖先牌位也敢拿出來賣！

吃死人不償命

在美國根本沒人吃的Crayfish，
竟在上海賣得嚇嚇叫，這種蝦
命很賤，水越髒它活得越好，
日本人是專門用它來處理城市廢水，
也不知道哪個不怕死的貪吃鬼，把這東西煮來吃……

　　上海大街小巷很多餐廳專賣麻辣小龍蝦，許多店門口用餐時間都擠滿了人。剛來到上海很好奇那是什麼好吃的東東，不知道是不是龍蝦北鼻，搞了半天原來是在美國沒人吃的Crayfish。我們美國矽谷家附近水庫或公園裏的小湖常見到，在污泥最多的地方很容易就可以釣到這玩意兒。

　　根據朋友說，小龍蝦是幾年前才開始在上海流行的。剛來上海，在石門一路買過一次，食用過心得是殼硬、肉少、剝殼麻煩、不好吃。但很多當地人深好此道，我很好奇問為什麼上海人那麼愛吃麻辣小龍蝦？後來有人跟我說，他們吃這玩意兒的心態，是為了滿足吃不起龍蝦而自欺欺人的饞癮（這不是我說的哦），但這心理層面的問題不是我要討論的重點，咱們來看看小龍蝦的來源。

✡ 最毒小龍蝦

　　有一次看到報導，天津創業環保的總工程師說：「小龍蝦生長在地溝裡，生長環境越惡劣，越污穢，它的生命力越旺盛，現在的小龍蝦是日本人養殖培育出來處理城市污水的，而且是第一道處理程式的重要角色。」**小龍蝦要活得越好，水要髒、最好是重金屬含量高的水，這個賤東西，水越乾淨，死得越快。**後來小龍蝦被引進中國，環保單位也大都使用這種被簡稱為「重金屬清潔劑」的生物。

　　也不知道哪個不怕死的貪吃鬼，把這東西煮來吃，大概覺得這玩意兒新鮮，就開始嘗試不同的煮法，用一般的蒸、炒、燙，是除不掉肉裏的怪味兒，於是餐廳就想到用重口味的麻辣解決，沒想到這種做法一炮而紅。

上市後需求遽增，小龍蝦供應商為了縮短它的生長期、又要讓小龍蝦長的又大又肥，黑心老闆往養蝦池子裡灌輸化學鉛、汞和生活垃圾，為了賺錢，完全失去天良。經過小龍蝦的不斷吸收化學毒，黑垃圾在池子裡是越來越乾淨，小龍蝦也越來越肥碩。

✡ 小心別人請你吃小龍蝦

還有更可惡的餐廳老闆，學黑心火鍋店業者，麻辣醬裏面摻了罌粟，讓食客上癮，我有認識的人聊到麻辣小龍蝦就流口水，隔一陣子就一定要去吃，每次至少吃三斤才過癮。

聽說大陸新華網跟蹤黑心供應商，而且拍攝了照片，結果被新華網的主編攔截住了。原因是：二〇〇三年後，政府提倡戶外就餐，隨吃隨喝，要配合餐飲業、旅遊業、娛樂業的復甦，還需要靠麻辣小龍蝦來挽回因SARS造成的損失！

各位，我的情報是蒐集來的，您可以不相信我，繼續享用小龍蝦。如果您覺得有這樣的可能，**那麼您以後有不爽的老闆，有心結的朋友，老公的二奶、三奶趕快請他們吃上海的麻辣小龍蝦。**

我們是清理廢水的

小尖兵！

特蒐。上海奇景

住越久越便宜

　　剛搬到上海這陌生的地方，沒認識什麼人，老婆在家閒來無事就常打長途電話與美國、台灣老友們聊天。一般國際電話費太貴，大多用IP電話卡打才划算。

　　大街小巷從雜貨店到路上的攤子，都可以買到各式各樣的IP電話卡，一般面值從一百元到五百元人民幣都有，最早的時候我們買到打七折的價錢時還沾沾自喜，後來住家對街的小雜貨店看我們不是一般的旅客，以「街坊鄰居價」──面值的一半賣給我們。

　　住了幾個月和雜貨店老闆熟識了一點，我們又以「老客戶街坊鄰居價」買到四五折，這時想應該差不多了吧！又過了不知多久，在火車站附近的批發市場看到有人賣三六折，我很有自信的認為這已經是最好康的價錢了，沒想到最近有位臺胞朋友說可以幫我們買到三折！我有如五雷轟頂，**到了大陸東西都是越買越便宜，不同的管道有不同的價錢，所以住得越久，認識的人越多，買東西越便宜。**

　　我們常常覺得東西買的已經非常價廉物美了，結果還是當上冤大頭，反正生活在上海啊！時時刻刻都會有機會覺得自己過去很蠢，矛盾的是，我不知道應該為以前多付出的而懊惱，還是為新發現的低價而高興。

上海好瞎：

據說現在已經可以買到**二折**的電話卡！店家用回收的電話卡，把密碼條的部分重新貼上銀色膠帶。客人買了就撕掉膠帶重用原來的密碼。

信不信由你

風水師一看百貨公司裏,哇!不得了,
不乾淨,甲恐怖哦!這裏好多小靈魂!
走的時候沒有處理好,有太多的怨氣。
解法就是每天到時就放「寶貝對不起」這首歌……

✡ 寶貝對不起

　　上海太平洋廣場以前每逢整點鐘時，廣播機就會放出「寶貝對不起」。大多數內部員工都知道原因，具說徐家匯太平洋的原址是育嬰堂，解放前很多小北鼻在這死掉。太平洋廣場剛建好時，值夜班的保安老是聽到小孩哭聲，在商場裡都找不到聲音來源，聽的員工汗毛倒豎、脊背發涼。

　　咱們臺灣老闆請來風水師看個究竟，師父一看，哇！不得了，不乾淨，甲恐怖哦！好多小靈魂走的時候沒有處理好，有太多的怨氣。解法就是每天到時就放當時流行的「寶貝對不起」這首歌，嗯，師父還蠻跟的上時代潮流地。有人說這是胡扯瞎編，那麼育嬰堂是在太平洋廣場後面，但為什麼一直放出「寶貝對不起」就不得而知囉！

✡ 半仙說這裡有神

　　這是上海數一數二的頂級購物商場。當初建樓到某一層就無法再蓋上去，塌了又造，造了又塌，就是沒法兒。香港老闆也找了位大師來看風水。半仙看過後說：唉喲！這兒有個神耶，在這兒蓋大樓要造成香爐的樣子，這樣可以供奉裡面的神，不然永遠蓋不上去。

　　現在大樓晚上看起來就像是一個大香燭，頂樓發亮的玻璃就像被風吹偏的火，底下有兩個三層樓高的圓形屋頂像燭臺。不信的話您可以問當地人恒隆廣場是不是蓋了很久。對了，您到了那別走樓梯間，傳說樓梯間常常有人找不到出口。

✦ 小蝦米對抗大鯨魚

　　香港地產大亨在法租界的徐匯區，蓋了一個高級辦公住宅區，開盤時售價格是上海第一高。建地原是一堆四十年代的小房子，香港富豪買了這塊地後，原來的住戶都被指示要搬到市區外，不肯離開的人就被強迫搬遷。

　　最後遷移時有一對老夫妻打死都不肯搬，拆房工人沒法子，只好請公安來處理。公安到了沒多久吵了起來，老夫婦一氣之下搬了瓦斯桶引爆，兩位老人家帶了幾個無辜的工人歸西。

　　當地政府消息封鎖，樓盤工程繼續。大樓蓋好後質量上出了不少問題，聽說還有人告上法庭。大亨繼續發大財，小蝦米抵不過大鯨魚的故事又一次上演。上海房地產一片紅的時候，政府把匯賢居旁的鑽石小區賣給了中國的地產大亨。二〇〇三年整區的人被要求搬遷，那時中國人權意識已開始抬頭，有人就敢拒絕搬遷，開發商很頭痛，想了不少辦法威脅利誘。

　　一年多來當地發生了十二次的火警，後來已證實七次是人為的（另外還有五次在調查中），其中一次還抓出是物業經理唆使外地小混混幹的。堅持留下來的住戶中，有位失業的年輕人堅強抗拒到底，拆遷大隊和公安來拆房時碰上絕望的年輕人抱了個瓦斯桶不准大家靠近。

　　在爭執的過程中有位急於表現的公安，英勇的衝了上去，「砰」的一聲把兩人炸的稀巴爛。從公司商業理性的角度來看，他們解決了一位拒遷戶，街坊鄰居又多了一個茶餘飯後的小故事。

　　二〇〇五年二月又發生了一次火警，濃煙嗆死了兩個老人，國際媒體在短時間內都趕到了現場，他們全被公安隔開。兩具屍體直接送到火葬場，煙消雲散不留一點痕跡。

✡ 上海到處都是墳場

　　原來市區普陀公園旁的一條路，老一輩的當地人稱為「陰陽街（界）」。解放前蘇州河畔有大批窮人無家可歸，都聚集在這，餓死病死的不少，因為沒錢就被旁人葬在此地。還有很多死嬰被丟棄在這，因此叫「陰陽街（界）」。

　　三門路661號原來的上文學院，解放前也是墳場。番禺路上的一塊綠地更勁爆，解放前那是有名的萬國墳場，就是一堆阿多仔（洋人）戰死後就被當地人葬在那。現在事過境遷，四周都蓋滿了樓房，就只空著這塊地做公園，因為沒人敢住在上面。

　　臺胞集中的古北區有條街叫虹梅路，在吳中路和虹橋路之間。靠虹橋路的商店熱鬧到不行，每天人潮不斷，但近吳中路那一段就冷清的很。這邊的店開一家就倒一家，那條路東邊更是空了一大塊地，為什麼呢？原來虹梅路近吳中路以前是個墳場，大家到上海來看朋友時，小心天黑後不要接近那哦！

　　古北另外有一個很有名的二奶村 —— 名都城社區，除了台商外，那裡也住的不少日本人和韓國人。許多二奶住在這裡都常生病，這小區是有名的邪門兒，因為這以前也是個大墳場。有二奶問題的台商妻，建議您鼓勵老公把二奶安排到那。

　　這聽起來好像上海到處是墳場，有一位老上海跟我說，上海以前到處亂埋死人都沒人管，經濟開發後都市快速發展，一堆樓盤開發時都會挖到些奇奇怪怪的東西。但話說回來，那裡不死人，美國白宮也死過人，請您去白宮住您肯定去。所以免驚啦！您儘管來上海玩，事情不會太嚴重，安啦！但是，別住到那傳說中的飯店哦 —— 嘿嘿嘿。

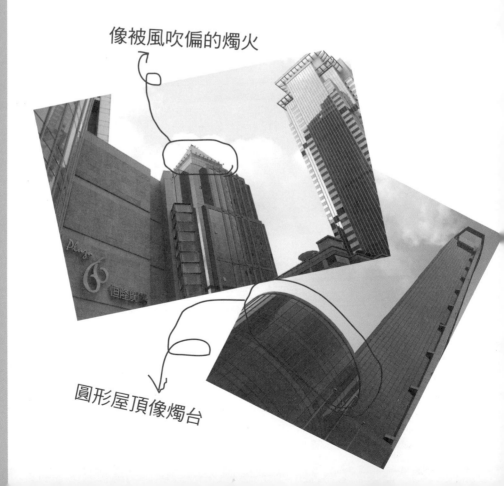

像被風吹偏的燭火

圓形屋頂像燭台

特蒐。上海奇景

說不清的服務

　　過了三年上海生活，我已對上海的百貨公司服務不抱有太多的期待。就拿有一次來說吧！百貨公司搞週年慶，買三百送兩百。我們閒來無事就去逛逛。當時看上條褲子但褲管太長，售貨員熱忱的說二樓有改褲子，只要人民幣五元。

　　等交易完成後，到了二樓，到處詢問百貨公司人員改褲子的地方，所有的人都面無表情，隨手往遠遠的角落一指「就在那！」，不是很大的百貨公司居然花了十分鐘才找到。

　　困難重重的到達那小房間，裏面擠著黑壓壓的人群，鬧哄哄的亂成一團，好不容易問到其中一位正在工作的阿姨。我問：「阿姨啊，改個褲管要多少時間？」，她不耐的回答：「很久！」，我不識相又問「很久是多久？」，她回：「不好說！」，阿姨接著就去做別的事了。

　　我們不屈不撓的克服所有障礙，找了另外一個阿姨，我問：「阿姨啊，剛才樓上售貨員說褲管可以在這改的啊？」，阿姨：「沒錯啊！」，我又問：「那我現在改幾點可以拿？」，阿姨看都沒看我說：「你要等三個禮拜週年慶結束後，拿發票來改。」，阿姨接著也去忙別的事了。我已經全身大汗，只好悻悻然離去，最後回到家附近找個小鋪子改。

　　售貨員說有改褲子也沒騙人，上海就是這樣，有很多說不清楚的地方，單純愚蠢的人就容易被誤導，這樣不大不小的虧，顧客也只好自認倒楣。

陽澄湖的**幽靈蟹**

　　大閘蟹可以分成吃葷的和吃素的兩種，
吃葷的就是往蟹塘裡扔死狗、死豬、死鴨、死雞、
死老鼠。噁心嗎？這已經算是有良心的蟹農了；
吃素的就是每天餵諾氟沙星、痢特靈、多西黴素、
己烯雌酚、土黴素、氯黴素、金黴素等抗菌素……

　　每到吃秋蟹的時候，到處看到餐廳貼出大閘蟹的廣告。你猜我看到這些宣傳的時候想到的是什麼？

　　隨著中國經濟的發展，越來越多人吃得起大閘蟹，臺灣和香港的需求也每年增加。根據江蘇省水產管理部門統計，今年正宗陽澄湖出產的一級至尊大閘蟹只有一萬三千隻左右，這些蟹都在五兩以上，生長年限超過兩年半。

　　許多饕客都特地包車到這，親眼看螃蟹從湖裏撈起來，在船上就煮來吃。厚！划船、賞月、吃秋蟹，好像夢裏一般的情景。可惜現在陽澄湖中禁止餐船營業（註1），蟹農就在公路邊的魚塘上，蓋起農家湖鮮餐廳。饕客親眼看螃蟹從湖裏撈起，看到上桌就不怕是假貨。

✡ 洗個澡身價就不同了

　　錯！當地有個說法叫做「汰浴」。那就是把人工飼養的塘蟹拿到陽澄湖浸兩日，或把別地方亂七八糟的毛蟹放入陽澄湖泡一下，客人只要從湖裏撈起來就是變身為昂貴的陽澄湖蟹。好，就算是這些到場的食客吃的都是正牌貨，那總量一萬三千隻也不過幾天就吃完了。

　　那市面上吃的都是那裏來的？你聽過幽靈人口，有沒有聽過幽靈大閘蟹？告訴你，我也沒有，但我知道**大閘蟹可以有兩種人性化的分**

上：「我家住在陽澄湖。」
中：「樓上的，我家世代都在那，怎麼就沒見過你？我看你八成是外來的蟹巴子，準是吃素的。」
左：「我才是正宗陽澄湖大閘蟹。」
下：「阿拉早看穿了，儂都是濫竽充數的毛蟹。」

法：吃葷的和吃素的。吃葷就是往蟹塘裡扔死狗、死豬、死鴨、死雞、死老鼠、死魚、死蝦，養蟹業叫「天然飼料」。蟹特別喜歡吃爛肉，您大概覺得噁心，但這已經是有良心的蟹農了。

✦ 螃蟹這樣搞，夭壽喔！

沒良心是養那些吃素的，吃素就是每天餵諾氟沙星、痢特靈、多西黴素、己烯雌酚，激素，土黴素、氯黴素，金黴素等抗菌素。中國每年生產七百噸諾酮類（抗生素），據說其中有很多是被螃蟹、蛇、烏龜、鱔魚等養殖業用掉。加減乘除算一下，至少也有幾百噸抗生素被人吃到肚子裏。

養殖場的大閘蟹，使用激素之後，三年當一年用，當年下的苗，當年就可以上市。有人問「夭壽哦！這麼危害健康，檢驗機構在那裏？」，結果被取笑說不瞭解國情，笨蛋！這樣高密度封閉養殖，產量高、風險也高，一隻生病就像SARS一樣，會害死所有同池裏的同胞，蟹農恐怕自己血本無歸，所以也就昧著良心來使用這些抗生素。

除了吃要注意外，買也要小心，上海買大閘蟹要特別小心，秋天您在街頭的傳統市場可以看到很多店面都在賣大閘蟹，真的還是假的就別提了，磅秤的準確度也是充滿著疑問，更可惡的是店家夥計手裏接過您千挑萬選的蟹，還會被掉包。

✦ 這就叫死無對證

一般街頭賣的蟹都沒有綁繩，客人挑了螃蟹後店家才把螃蟹五花大綁，有的商店會趁這時候由在一旁的店員來吸引客人的注意力，例如推銷

些更好的蟹，或配螃蟹吃的黑醋薑汁等，**客人一個不注意，夥計就假裝把螃蟹掉到地上，撿起來的時候已經換上了預先藏在下面的死蟹，等客人拿回家後就知道「死無對證」是什麼意思了。**

　　有一個上海朋友很厲害，他買蟹後假裝配合店員，看東看西，等到螃蟹綁好後，他請店家把螃蟹重新打開，他們一愣，朋友說：「你們如果給我換了死蟹，我就馬上投訴公安」。老闆一看不對，馬上把夥計臭罵一頓，手上趕緊抓幾隻兇猛的肥蟹，陪笑臉請我的朋友收下，還不收一毛錢。

　　這也只有上海人想得出對付上海人的方法。哎！時時刻刻、無所不在的爾詐我詐，這就是上海！

註1：陽澄湖兩百條餐飲船每天產生一噸污水和垃圾，政府開始禁止餐飲船。

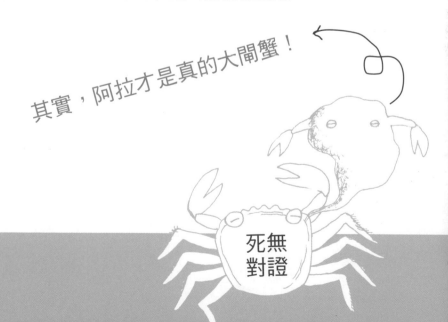

其實，阿拉才是真的大閘蟹！

死無對證

上海人壓根沒想過的事

在上海常可以看到馬路上圍著一群人，
七成可能是看人家吵架，三成肯定是觀賞車禍。
如果在小路口發現人群，那一定是有人在打麻將或賭撲克，
如果在市場裏看到人群聚在一起，那絕對是看別人殺價……

　　美國人視時間為一項重要的資源，富蘭克林將這種想法表達得最淋漓盡致，他說「你愛生命嗎？如果愛就不要浪費時間，因為生命即是由時間組成的。」，從小就被訓練視時間為金錢，但這句話對大部分的上海人是壓根沒想過的事，他們無聊的時間多到不可思議。

　　您常會**在馬路上看到一群人圍著不知道看啥，七成可能是看人家吵架，剩下三成肯定是觀賞車禍**。如果您是在小路口發現人群，那一定是有人在打麻將或賭撲克，如果在路邊商場像景德鎮陶瓷展，或街頭市場裏看到人群聚在一起，那絕對是看別人殺價，有時候他們興頭來還會參上自己意見。當地人時間太多，好奇心重，非常喜歡湊熱鬧。

　　從另一個角度來看上海人時間觀，如果打低（坐計程車）時，您問開車師傅還要開多久，「阿拉還有多久可以到目的地？」，答案永遠是

... 沒多久

... 一會兒

... 很快的

... 立馬就到 （立刻就到）

... 差不多了

... 要不了多久

... 就在前面

... 轉幾個彎就到了

猜猜看！

這些人圍著在看什麼？

（答案在下頁）

您如果跟我當初一樣白目的話，會進一步逼問 「五分鐘可不可以到？」，您得到得答案還是 ——

... 我看也差不多
... 應該很快的
... 這不好說 （最經典就是這個）

✦ 裝潢工永遠下午開工

舉一個真實的例子來看他們的效率，咱們剛到上海時我們呆胞一家異想天開，很有勇氣地決定要裝修我們租的房子。清純無知的一家人找了個當地裝潢公司。估價後我們又一番砍殺，最後談定的裝修費是在美國只能買一套皮沙發的價錢，便宜的讓我們又驚又喜。裝潢設計師3D實景圖畫的嚇嚇叫，但是開工的那天變成了惡夢開始的時候。

早上說好九點開工，到了十點還沒人來，打電話給老闆得到的答案是 —— 已經在路上了。又過了半個小時，得到的答案是 —— 快了，就快到了。**我們呆呆的等到下午一點，兩個工人帶了四串香蕉（空手）來敲門，奇妙的是，他們還問我們有沒有工具和梯子。**我們一陣頭暈打電話給老闆，老闆一點都沒有很驚訝，還問我們有沒有車可以借給他載梯子，老婆忍不住當場給他很多謝（shit）。

兩位無聊的工人看一時也沒啥好做的，乾脆一個躺在地上睡覺，另一個工人開始拿起手機玩遊戲。到了三點，就在我們接近抓狂邊緣時，終於老闆親自又拉了三個工人來，他興奮的宣布正式開工，本來預計下午五點停止第一天的工程，結果一直折騰到半夜十二點。

接下來幾天都是講好九點開工，但沒到中午都不見人影，我們嘗試提前要七點開工也沒有用，本來十天預計完工，變成二十五天。家中一片狼藉，落塵如亂雪，一家三口每天相對無言灑苦淚，狼狽不堪。

✡ 通知單說修廁所要四小時

裝潢與設計圖差十萬八千里，簡直錯誤百出。對了，插個題外話，動工到一半，老闆突然跟我們說錢不夠買材料，要我們先拿點錢來墊，不然要等過兩天他別的工程收到錢再繼續動工。

這像話嗎？航空母艦開出港了跟我說沒帶炮彈，現在家中已經搞的猶如殘垣斷壁，要我們遙遙無期的等待行同要我們死！唉，無奈環境逼迫，我們只好含淚向惡勢力屈服。後來我們才知道，老闆拿了我們白花花的銀子去墊了另外一個工程的花費。

另外一個小故事，我們在上海住的是外籍人士的公寓，每戶房租美金三千八到七千元不等，物業管理費約美金三百多元。**有個臺胞鄰居廁所的水漏到樓下，物業管理跟他說要上來修理一個小時，結果搞了一個禮拜不能用廁所。隔了一個禮拜換我們家被通知廁所漏水到樓下，這次通知單上寫著要修四小時！**老婆嚇得睡不著覺。

總而言之，在這裡人力充足又被動，大家無視於信用與責任感的重要，要跟他們談時間與生命？以後再說吧！

答案： 1. 在看人賭撲克
　　　 2. 在看車禍
　　　 3. 在看人掃地
　　　 4. 在談股票
　　　 5. 在玩套圈圈

上海，這地方

上海，這地方

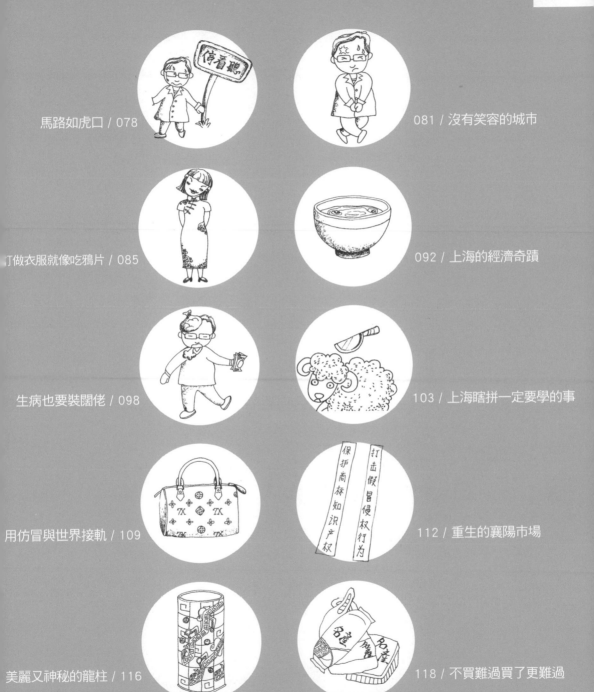

馬路如虎口

當我們要過馬路時我們重新學會了停——下來，
上看看——沒人會注意的紅綠燈，
下看看——滿地垃圾、髒水、痰，
接著就左看、右看、左看、右看，
當我們聽到後面有人開始問候我娘時，
就是可以過馬路的最後通行訊號……

　　小時候（那是很久很久以前蔣公的時代），老師常跟我們說馬路如虎口。那時可愛又純潔的我們，過馬路都會停－看－聽，最後才敢伸出小腳踏過馬路。三十多年過去，正當虎口這個形容詞已快從我深層記憶中消失時，依舊純樸的我來到了上海。沒多久，這先進的城市打開了我大腦記憶迴路，想起了小時候老師的教導。

　　平常如果晚上天氣允許的話，我都會與愛人手牽手到街頭走走，看看新鮮事。而過馬路讓我們重新學會了停 ── 下來，上看看 ── 沒人會注意的紅綠燈，下看看 ── 滿地垃圾、髒水、痰，左看、右看、左看、右看、左看……，**當我們聽到後面有人開始問候我娘時，就是可以過馬路的最後通行訊號。**我就會馬上緊握著愛人顫抖的手，挺起胸膛，舉起穿拖鞋的腳，勇敢地踏進虎口。

✤ 不管三七二十一女人照打

　　過馬路時有殺傷力的不只是汽車、摩托車和腳踏車。讓我說一個親眼看到的真實故事。有個炎熱的中午，我正在路上汗流浹背地尋找可口又便宜的午餐，我瞧到一名女子正穿過人潮洶湧的路口，那女子肩膀撞到了一位反方向走來的男士，這位女同志顯然血液裡流著上海人與生俱來的特質，她挑高嗓門就狂罵了起來。

　　男同志轉過頭來，狠狠的一個拳頭落在那不美麗又不賢慧的女人臉上。只見女人帶著痙攣的臉，倒在人潮穿梭的斑馬線，嘴張一半說不出最後一句罵人的話。女人可憐的哭泣著，識時務的上海行人發揮了自掃門前雪的精神，沒有一個停下來或多看一眼。炎熱的太陽還是無情地照著大地，男人已走遠了，大概只有我還在流著汗水，注意這無聊的事件。

解答	1(b)　2(a)　3(d)　4(b)　5(d)　6(c)　7(c)　8(b)　9(b)　10(d) 11(a)　12(b)　13(d)　14(c)　15(b)　16(b)　17(d)　18(c)　19(a)　20(b) 21(c)　22(a)　23(c)　24(a)　25(b)　26(c)　27(b)　28(d)　29(a)　30(b)

✦ 過馬路像看馬戲

在上海您可以看到行人自由的穿梭在大馬路中間，腳踏車載著電冰箱和洗衣機，我甚至看過腳踏車載著四、五張雙人床墊。單行道上的車走反方向更是稀鬆平常，在高速公路上您會見到不畏生死的腳踏車騎士，和輕鬆散步看風景的行人，路口常看到一群時間太多的人，圍著看拋錨的車或腳踏車撞汽車的情景。**運氣好的時候，您還會在蘇杭高速公路上欣賞到緩緩而行的牛車。對了！市區街頭有不少尿尿的機車騎士或計程車師傅。**

上海有一個奇怪的弱勢交通法，行人與腳踏車無論是在任何情況下被汽車撞到都是汽車駕駛的責任。有人沒事到高速公路或高架橋上看風景，腳踏車有路就闖，隨意行駛。白天市區內許多繁忙的十字路口，行人道常有一位全職的警察或交通管理人員忙著吹哨子。很多下崗（退休）人的事業第二春就是這份工作。

他們主要的功能是阻止行人和腳踏車亂闖馬路不守交通規則，一沒留神就會有路人偷跑。當有人在他們面前明顯犯規時，警察會用力吹哨，但如果行人不理會警告繼續我行我素的話，警察也不會怎樣。**他如果去管一個犯規case，馬上其他200個行人就亂給他看，他們工作困難度和牧羊人差不多。**

反正您到了上海別只顧著看東方明珠、城隍廟，有空多注意一下十字路口過馬路的行人，體會一下真實的上海。

註：上海進步神速，二〇〇六年以後有很多東西都改善不少，例如滿地吐痰的人少了很多。

牧羊人只敢吹哨，不敢抓犯規！

沒有笑容的城市

在這個沒有笑容的城市裏，
如果您想問服務員廁所在那？
答案永遠是：「往那走」，
只看他隨手一揮，
比遙指杏花村的牧童還帥，
只留下一臉錯愕又尿急的您……

為什麼上海路人都沒有笑容？有一個外國同事跟我一起搭車時問我，我當時從車窗往外一看，咦～路上的人個個都板著臉，不要說是笑容了，連一點親切的感覺都談不上。老外同事說在台灣、香港和新加坡都不是這樣的啊！在美國，人與人面對面走過去都會給個微笑。在臺灣，前腳踏進7-11就聽到「歡迎光臨」，就算空手出門也會傳來「謝謝光臨」，但上海，這城市到底怎麼啦？

上海甭說路人了，就算是以服務為主的餐廳或百貨公司都很難見到笑容，在餐廳要張餐巾紙都是很令人害怕的經驗，服務員送幾張衛生紙拖拖拉拉，還給客人臉色。**有一次我跟服務員要了至少三次餐巾紙，過了十五分鐘還沒送到，我耐心被測試到了極限，拍案而起大吼一聲：把餐巾紙給老子送過來！結果五秒鐘不到，餐巾紙立刻送到眼前。**您會奇怪餐廳服務那麼差，會有客人嗎？我告訴您，飯店多，人比飯店更多！這就是上海！

✑ 臉皮薄在上海難生存

來看看服務業的超市，上海超市大多是用中年婦女作為營業員，老闆考慮了兩個方面：一是工資低，二是生過小孩，沒有產假，不需要補貼。中年婦女不知道是忙著聊天還是內分泌失調，都沒時間也沒心情服務客人，老闆有穩定人工，解決了大多數婦女第二春的再就業問題。

她們下崗之後重新走上工作崗位，有錢賺了，在很大程度上緩解了她們的家庭矛盾，但隨之而來的是給中國社會帶來了一定的不和諧因素。這對顧客是很殘忍啊！許多人去超市都是膽戰心驚的，害怕得罪那些營業

員。如果發現餐廳服務態度不錯，那很有可能老闆是臺灣人。有人說，在上海做生意就是做生意，沒人跟你談感情，說起來也對。

✡ 上海人的邏輯很簡單

在上海要從陌生人得到任何資訊是一門大學問，像簡單的問路是需要懂得當地人的邏輯，不然您永遠不會得到詳細的回答。例如在最高檔次的**百貨公司問服務員廁所在那？答案永遠是：「往那走」，隨手一揮，比遙指杏花村的牧童還帥，只留下一臉錯愕又尿急的您。**

您在便利店買東西的時候，當您想問售貨員多少錢時，她會先用上海話咕嚕幾句，然後不厭其煩的告訴您：「那上面有價錢呀，你不會自己看呀！切！」。

在機場如果想問東方航空的櫃檯在哪？回應也是不耐煩的手一指「往那走！」。在路上問路得到的同樣是一樣的指頭和不耐煩的聲音，一臉茫然走開時還會聽到他們用上海話嘮叨兩句，**問個路好像很對不起他們祖宗八代的感覺，被人家唾棄與誣衊。** 女詞人李清照說得好：尋尋覓覓，冷冷清清，淒淒慘慘戚戚。

✡ You know I am speaking what?

　　有一個網路笑話講得很貼切，有個公司來了個老外，進到辦公室，前臺小姐左看右看，大家都在打手機遊戲，就剩自己比較清閒，於是她跟老外說——

前臺小姐：「hello?」

　　老外：「hi！」

前臺小姐：「you have what thing?」（你有麼事？）

　　老外：「can you speak English?」

前臺小姐：「if I not speak English, I am speaking what?」
（如果我不是說英文，老娘是在說啥？）

　　老外：「can anybody else speak English?」

前臺小姐：「you yourself look. all people are playing, no people
have time, you can wait, you wait, you not wait, you go.」
（你自己看看，所有人都在玩，沒人有空，你可以等就
等，不等就走。）

老外大聲說：「good heavens！anybody here can speak English？！」

前臺小姐：「shout what shout, quiet a little, you on earth have what
thing.」（吵啥吵啊，安靜一點，你到底有啥事？）

　　老外：「I want to speak to your manager.」

前臺小姐：「head not here you tomorrow come.」
（領導不在，你明天來。）

訂做衣服就像吃鴉片

能做一件全世界獨一無二，百分百適合自己身材的衣服，
這感覺是很有誘惑力的，一個不注意就會上癮，
像我家聰慧的賢妻，在做到第五十件衣服的時候，
就開始認清這猶如毒品般的嗜好，是應該要戒掉的……

　　有個朋友在網路上問我要去那裏幫老婆買旗袍，我說他準是那根筋不對了，天下第一大白癡。要死了，幫老婆、女友買衣服最吃力不討好，尤其是旗袍這種貼身的式樣。

　　買的太鬆，她會罵您「豬頭！你為什麼覺得我那麼胖？」；買的太緊，她會罵您「死人！你是不是希望我瘦點？嫌我太胖嗎？」；如果很幸運，買到正好合身的話，她還是會說「王八蛋！你給我老實招來！你怎麼對女人身材那麼清楚？」，您可是跳到黃河都洗不清。

　　許多搬到上海的女人都會有一段時間不停的定製衣服，這好像更年期一樣，是人生必經的過程，我沒看過有例外的。大多數女呆胞們喜歡做羊絨毛衣，外套，西服，裙子等。遊客們喜歡訂做中式服裝、西裝、改良旗袍。反正什麼式樣都有，價格比國外經濟實惠許多。

　　做毛衣或大衣主要注重料子和師傅的手工。一般店裏有布料可以挑選，但比布料批發市場貴三成。有時間的人先買好布料會省下不少錢。

✪ 選布料也是大學問

　　上海最有名的布料市場是董家渡，這裡像臺北永樂市場，裏面各種中國產的布料如江南絲綢，東北新疆尼龍、羊絨、緞面、絹紗、棉毛麻等，當然也有外國的布料，但都比較貴。布上的繡花也是成千上萬種，唐草、花鳥、松竹、臘梅、牡丹、玫瑰、雲紋、龍鳳，樣式多的看到你眼睛脫窗。

在這裡，衣服周邊配套的小商品更是名目繁多，拉鏈、紐扣、縫紉線、毛巾、圍巾、花邊等應有盡有。布料選擇也是一門大學問，旗袍選料是很廣泛的，夏天可選擇純棉印花細布、印花府綢、色織府綢、什色府綢、各種麻紗、印花橫貢緞、緹花布等薄型織品；這類布料製成短旗袍效果不錯，輕盈、涼爽、美觀、實用。

春秋季的話可選擇化學纖維或混紡織品，如各種閃光綢、滌絲綢、以及各種薄型花呢等紡織料。這些布料雖然不吸汗，不透氣，但外觀看起來比棉織滑、挺，比較絢麗悅目，在不冷不熱的季節中穿非常適宜。

在董家渡殺價難度很高，顧客都是老外、臺胞居多，一般殺到7折就到底了。這裡人什麼沒有，就是時間多，客人有空在店裏軟泡硬磨幾個小時也許會拿到更便宜價錢。老闆夥計們一聽客人的口音就知道哪裏來的，不是老客戶的臺胞絕對要付出説「台灣狗以」的代價。來上海玩的話，我建議到外灘附近的市場體會一下，從這小地方可以培養人生情趣。

✄ 訂做衣服就像吃鴉片

董家渡二〇〇六年搬到新的大樓，好幾層樓全是店面，布店裏大多有裁縫師傅，老闆會拿各國的流行雜誌説，任何式樣都做得出來，試穿後還可以免費改。許多女臺胞就這樣開始了第一套，做一套衣服大約要七至十天，等到試穿時一定又哪裏不對勁兒，修修改改下一回來拿的時候又忍不住再做一件，就這樣來來回回，永遠沒完沒了。這些地方沒有 ISO 2000 認證，做出來的衣服有時好，有時不行穿，那種又期待又怕受傷害的感覺很難形容。常聽到人説，反正便宜嘛，做十套有兩件能穿就值得了。

　　對了，師傅量完身材後會估計出用多少料，小心被唬嚨，要用幾米的布料，初次來的呆胞根本聽不懂，何況老闆一定會多報尺碼，記得要跟老闆說上次在別家做沒用那麼多，定了尺碼別忘了還要還價。有經驗的女臺胞們都是找人上門定做，有一位叫「小顧」的行家在臺胞圈裏很有名，不信您問問您上海的朋友看看。

✦ 做了五十件後，賢妻終於清醒

　　定製男人或女人改良式中國服的名店有瀚藝、上海灘、梅媚是貴婦級的店，一般平民可以在長樂路和茂名南路做的還算高雅別致，預算約人民幣千元，當然布料不同最後價格會差很多。最便宜的短旗袍，用最基本的刺繡，絲綢緞布和款式約人民幣七百元。西裝一套連工代料四百五十元人民幣起，百分之三的 Cashmere 布料要一千多。

　　其實人民幣生值加上通貨膨脹，訂製衣服不一定便宜，但女人大多數喜歡挑選與喊價的過程，能做一件全世界獨一無二，百分百適合自己身材的衣服，這感覺是很有誘惑力的，一個不注意會上癮，雖然不至於導致家破人亡，但一天不去董家渡就好像那根筋不對，對董家渡產生心理與生理的依賴，完全失去了主宰自己的能力。

　　像我家裏有智慧的賢妻，做到第五十件衣服的時候，就開始明確認清這猶如毒品般的嗜好，有勇氣和有效率的決定遠離董家渡。現在都是直接上百貨公司買，大多數百貨公司打折或特賣價格更划算。

☆ 以下僅供參考，本人與任何一家店面無任何關係：

董家渡新地址：上海市陸家浜路399號(近南浦大橋)

做旗袍：長樂路上有許多中式服飾的店鋪，有出名老師父，價位偏高，但用料與做工都講究，有現成的版子，滿漂亮的。雁蕩路、瑞金路等區段也有一些。小心被騙！

做改良式唐裝：男人西裝，茂名路、華山路上也有。唐裝很受歡迎，小心被敲！

做改良新式唐裝：在南京路的真絲大王和茂名南路上的店面都有。小心亂開價！

做西裝：滬上有名的私人裁縫還有許多集中在武康路、南昌路。小心被訛！

每家店面都有不同的強項，手藝、質料、速度，顧客們各取所需。

Clothes AccorDing To your sty
a Picture I will make it for yo
ary Lee 董家渡118号006号 房6367

✫ 旗袍量身的18要訣

　　定做旗袍很麻煩，旗袍尺寸大小的選購非同買大衣，尺碼差一點沒關係，旗袍要求十分嚴格，否則將會失去其獨特風格。那麼貼身的服飾一定要人親自到場讓師傅量尺寸。Google 大神提供以下旗袍量身十七項：

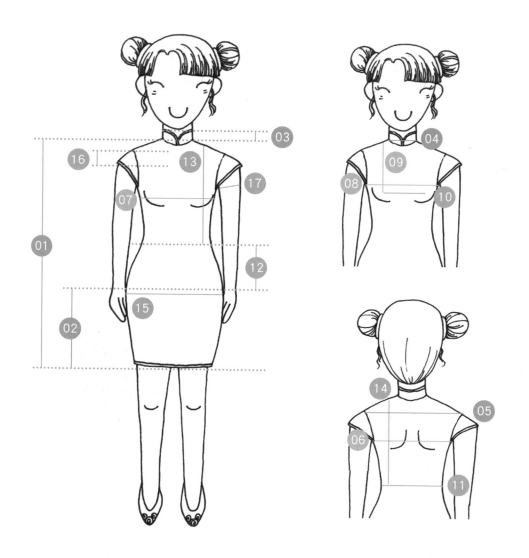

01 衣服長度，從頸經胸部到下擺至膝蓋以上或以下，以個人身材高矮肥胖來決定。

02 裙長，從腰圍線經臀圍線往下量至所需長度。

03 領高，從頸側點經頸子往上量至所需長度（3～5cm以個人喜好自行選擇）。

04 領圍，從第七頸椎和頸側一周的圍長度。

05 肩寬，手臂自然下垂後，雙肩端點之間的長度。

06 後背寬，從背後裏量兩腋下點之間的距離。

07 胸圍，挺胸站立，自然呼吸，胸部最豐滿處的水平圍度。

08 胸寬，從前身量兩前腋點之間的距離。

09 胸高，挺胸站立時從頸側點至乳峰的距離。

10 胸距，兩乳峰之間的距離。

11 腰圍，挺胸站立時腰部最細處的水平圍度，水桶腰就以肚臍為準。

12 腰長，從腰圍線到臀圍線之間的距離，水桶腰就要看師傅的經驗了。

13 前腰節，挺胸站立時，從頸側點經乳峰點到腰圍線的距離。

14 後腰節，挺胸站立時，從頸側點經肩胛骨到腰圍線的距離。

15 臀圍，挺胸站立時，臀部最豐滿處的水平圍度。

16 袖長，（即臂長）手臂自然下垂，從肩端點到袖口的距離。

17 袖口圍，短袖款式：手臂圍，長袖款式：手腕圍。

　　有水桶腰的話，腰圍、腰長不好量，女人屁股豐滿處有的高有的低，沒經驗的不要在家裏自己量，人家師傅是有練過的。另外蝴蝶臂、蘿蔔腿、飛機場要做出好看又合身的旗袍，就要看師傅的經驗和本事了。

上海的**經濟奇蹟**

上海某家餐廳有一碗湯，要價超過台幣一萬二，
據說是用四十隻不到四兩小雞燉的魚翅湯，
服務生上菜時會大聲喊出價錢，以示給主人面子，
每個人端到手上小小的一碗，捧著更顯珍貴，
上面沒有什麼豪華內容，有的僅是浮在上面的一層油……

　　二〇〇五年的除夕是我們第一次在中國過年，過了聖誕後市區內到處都有臨時架起的煙花專賣店，這些攤子有各式各樣的煙花、鞭炮。那些沖天煙花看起來就是一個方型的紙盒子，裏面分成很多塞滿火藥的小格子，從手掌大小到麻將桌那麼大都有。一根引線把小格子裏的煙花點燃，一支支的煙花沖上天，很過癮。五十發中人型的煙花放起來已有職業水準的效果。

　　對在美國長大的土包子，很難想像一般民眾可以輕易的自己製造這樣的樂趣。以前在美國看煙花要等國慶日到特定地點才看得到。於是我們一家人一時童心未泯，想說咱也買幾個大的來玩玩，兒子老婆心中一片興奮，結果我們花了三百元人民幣，只買了兩盒二十四發，拿回家後沒幾分鐘就放完了，心裏想這原來是有錢人的玩意兒。

✦ 讓香港闊佬也嘆為觀止

　　除夕前幾晚當地的街坊鄰居開始展示他們的財力，沒在上海過年的人很難想像得到這裡放鞭炮的盛況，足足讓有些香港有錢朋友都嘆為觀止。除夕夜傍晚就開始聽到此起彼落的鞭炮聲，接近十點時開始進入高潮，一連串的鞭炮聲中已沒有階段性的安寧，左看也是煙花右看也是煙花。

　　快到午夜時，炮聲加倍，我們跟朋友打麻將已聽不到對家喊碰。一支支衝上天的煙花爆開紅藍綠的色彩，前後左右千百道五色火花，縱橫散亂，看得眼花撩亂。這般情景延續到凌晨一點後才漸漸平息。

　　大年初五，上海人迷信凌晨一定要放鞭炮才能接到財神，那陣仗比除夕夜更誇張數倍。過年熱鬧當然很過癮，但我想瞭解咱們三百元人民幣的

炮火，零零散散的放了十多分鐘，那五顏六色的大型煙花，一眼看去五六攤，連放四小時要多少錢？幾個朋友大約估計我們附近的聲效，也至少要幾十萬人民幣才做得出來。一個小區就這麼厲害，那算算上海從浦東到古北至少數百倍以上的花費。平常為了省幾毛錢可以排隊半個小時，誰有上萬元的閒錢放那麼多鞭炮？

✡ 花別人錢絕不手軟

我再次明察暗訪蒐集情資，才終於膚淺地瞭解到一點內幕。原來無論是公家機關或私營企業都有一筆過年預算買鞭炮、禮物。**鞭炮本來要在公司放，各公司員工拿回去獨樂樂，招財神到自己家；禮品原是要送客戶，他們發送給自個兒親朋好友。**

利用他人的財力來實現自己的目的，又一次的發揮到淋漓盡致。有些高級主管過年買東西給客戶時，順便自己換個手機、手錶，當然有些大款的富人自己花錢，那也是少數而已。

以上的情況也讓我們瞭解國際名牌在中國大賣的部分原因。2004年中秋，LV旗艦店在上海火紅開張了，幾百位來自港臺的明星，社交名媛和土產的奧運金牌得主共襄盛舉，名牌駐進上海已經不是新鮮事。

光是二○○四年已有黃浦三號的阿媽膩(Armani)，九光百貨的啵兒果(Burberry)，就怕狗蹄液(Jean-Paul Gultier)，南京路的殭屍單(Vacheron Constantine) 等歐美名牌，全卡到上海最繁榮的鑽石地盤。幾個月後還會再增加笑棒(Chopard)，罵客借古巴(Marc Jacob)，反正只會更加熱鬧吧，但是——上海的名牌市場是誰在撐？

為了找到答案，我開始注意公司女同事的消費習慣，對於平均月薪數千人民幣的女性同胞來說，在一個不流行用信用卡刷卡的苛刻環境下，她們把能花的錢都花在手機上，會買名牌包包的人不常見，有的話也多是襄陽代理的Ａ貨。

那會不會是國外的遊客在上海買名牌哩？據我觀察，老外肯定也是走襄陽路線。上海名牌店價格比國外多了三十趴，沒有外國人會發神經病在上海買名牌。喜歡追根究底的我一直非常困惑，到底這群消費者是誰？

除了供菩薩還要供領導

我蹦到一位九零年代就來上海奮鬥的臺胞，他說了個人經驗給我聽。以前大陸私人企業為了趨吉避兇，除了拜菩薩外，常常要供奉很多公家機關主管和當地的領導們。於是企業到香港開幾個現金卡，信用卡帳戶，然後想辦法把這些卡送到關鍵人的家人手裡，公司還得一直補錢入銀行。**俗話說：初一，十五匯個數，逢年過節倍失金**。機關主管的家人見著再貴的東西，也照樣臉不紅氣不喘的買下。

數年前大陸有幾十個醫院院長，因為用類似的方法收賄被抓，轟動一時，後來的接班人非常長進，學的…… 哦，是削的更精。還有，很多人是用公家錢買禮物來巴結機關、書記、上司。

現在送幾萬人民幣的紅包會被對方認為是奇恥大辱，但就算沒錢，還是很多人需要幫幫忙，拉拉關係，他們捨不得或沒有幾十萬，上百萬的鈔票，於是花個五萬、八萬人民幣買個名牌包包或是手錶，經濟又實惠，給的高興，收的也有面子，又是一個皆大歡喜的結局。

✡ 喊價一萬二的魚翅湯

　　有一次一個朋友在個高檔次的蟹粉魚翅專賣店請吃飯，我們到的時候全餐廳人聲鼎沸，只看見桌桌都點魚翅、龍蝦、蟹粉、河蝦。**這家餐廳有一碗湯，要價人民幣兩千八百元（超過台幣一萬二），據說是用四十隻不到四兩小雞燉的魚翅湯，琳瑯滿目，正是「無翅不成席，無鮑不成宴。」**。

　　我們這一桌點的都是一般平民價位的菜，服務生最後跟我們說：「您們國外來的真有錢，來吃這麼貴的館子。」，我們很汗顏的說，跟別桌比起來我們吃的算是很寒酸的。那服務生說：「這些人呀，在這花的是公家錢，那像您們花的是自個兒的。」，哇！花別人的錢我也可以每一餐都燕窩鮑魚吃到潒屎。

　　上海有個以畫廊聞名的莫干山路，我有個朋友在那開店賣油畫，店裏的現代油畫標價至少美金兩千元，貴的也有美金幾十萬元。許多買了畫的客人都要求她給餐廳的發票，我們大家都在幫忙蒐集發票。隨著中國經濟發展，國內產生了許許多多有錢有勢的人。

　　為了種種原因，直接的金錢往來會引發不必要的麻煩，於是有人開始用古玩、古畫、古錢、郵票送禮。上海甚至有所謂的「郵票公司」，不賣郵票給集郵者，是賣給生意人。這也是古典清朝郵票這兩年在大陸火紅的一大原因。上百萬的錢幣、郵票特別搶手，他們不管品相好壞，有貨就收。

　　朋友給我看二○○五年底在香港拍賣的一枚清朝紅印花郵票，最後以美金三十多萬賣出，一年前同樣的票只賣到十三萬，正是越貴得東西越有人要。很多人以不正當的方式賺到錢，這是最好的洗錢方式，因為錢幣和郵票是全世界流通的有價物品，到哪裏都可以變賣，萬一東窗事發被通緝的話，隨手一抓就可以跑路。

　　以上幾個小例子讓我不禁思考，這樣的消費習慣和上海近年來的高度經濟成長，與中國境內複雜交錯的人際關係。現代的遊資像條巨龍到處興風作浪，反正它總是遊蕩於國家正常金融渠道外，製造出一股的龍捲風，橫掃股市、郵票、房地產，幾千億的遊資，您説這經濟奇蹟會穩定嗎？

兩千八百一碗！

讓一讓！

翻了您賠不起呀！

上菜囉！

生病也要裝闊佬

初搬到中國最不放心的就怕生病，
大陸一般的醫院，人多又不乾淨，
床單重復使用，醫生看診時不戴手套，
手碰完病人不洗就接著看下一位病人，
老外到了上海也只敢到超貴的外國診所……

好不容易有機會利用春節假期準備好好休息，睡幾天懶覺，沒想到平常沒時間生病，到了放假病蟲就上身。倒在床上胡思亂想，突然想起來當初搬到中國最怕的就是生病，大陸一般的醫院，人多又不乾淨，床單重復使用，醫生看診時不戴手套，手碰完病人不洗就接著看下一位病人，想到就皮皮剉。

問了在當地生活的老外才瞭解，原來老外到了上海也只敢到超貴的外國診所，像 Worldlink。嘿嘿，**掛號註冊費就要人民幣一百五，伸個舌頭給醫生看，加上幾副蓋上Sample的藥，最後總結算至少七、八百元人民幣跑不掉。**

第一年的秋天帶兒子打流感預防針，花了近台幣一千元。本土高檔次醫院，如復旦大學附屬的華山醫院有分普通區、特區和外賓區。特區掛號費是普通區的十倍，外賓區再加一倍。

✵ 闊佬看病倍受禮遇

熟門熟路的或是幹部，大多走特區，排隊快，都是醫院裏有聲望的老醫生。**外賓區強調那裏有海龜派（留學回國）的醫師，和親切的護士幫忙老外填註冊表，等候時間不超過十分鐘**，雖然價位比外國診所便宜上一大半，但是比起本地人看一次病只要幾十元，還是算冤大頭了，我也當過冤大頭。

願意付大錢的「外賓區」病人如果需要用到大型儀器，例如B超，就會由一位護士阿姨帶您到一般病人區等候。（插一個題外話，大陸人跟您

説她要到醫院照B超，您別笑，那是照超音波的意思。）**平時無論是B超，掃描大型儀器都有很多當地的病人排隊等候，但無論門口有多少人，只要是「外賓區」護士阿姨帶的病人永遠排第一，**可是如果被幾十個等的不耐煩的病人，以怨恨的眼光盯著，我大概只能故意低頭，假裝病的很重的樣子吧。

有一回老婆要照B超，我們想既然儀器都是一樣，又不需要接觸醫生的手，應該沒有太大的風險，我們就試試看跟著當地人的就醫程序跑跑，融入當地的生活又可以省點錢，一舉兩得。我們帶著勇氣與決心進入了醫院大門，到詢問櫃檯很謙虛的請教正在大聲聊天的護士小姐。

我説：「對不起，阿拉地老婆要照B超，請問程序從那兒開始？」，護士小姐隨手指向一個樓梯説：「負一樓！」，她繼續接著與同伴聊天。負一樓？我們是鴨子聽雷，有聽沒動（懂）。仔細想想，她説的應該是地下一樓，於是咱們順著樓梯往下走，經過了樓梯間地上的一灘紅污水，看到黑麻麻的人頭，或坐或站約四、五十人，好不熱鬧啊！我們緊閉著呼吸，擠到櫃檯。

✡ 看病一定要先埋單

我們又問：「對不起，阿拉要照B超，是不是這裡啊？」護士小姐很不耐煩地說：「有沒有預約單？」我們很興奮的說：「有！」（好不容易做對一件事），她又問：「有沒有付款單？」Shit！我們臉上還得盡量裝作很疑惑，試試看她會不會通融一下，她無情的說：「到樓上先付款再來！」接著就忙著招呼別的病人。咱

兩人又急急忙忙的跑上樓，又一次經過樓梯間那灘污水，第二次看起來覺得像檳榔汁。

　　排了隊付完款後，又有機會觀察一次那灘莫名其妙的水跡，好像沒有檳榔汁那麼紅。老婆順利的照完了B超，被告知到二樓看結果。很好心的醫生看她一臉霧水，提醒説要先付錢哦。我們最後一次快步通過那灘快乾的紅水，深怕吸入蒸發到空氣中的細菌，清潔阿姨不知道跑哪裏去了？

　　為了尋找到二樓的電梯，我們再次陷入困惑。您一定覺得我們那麼呆，連電梯都找不到？這裡八個電梯旁貼著這麼一個指示牌：

| No.2電梯 --- 醫用專梯 |
| No.3電梯 --- 本層不停 |
| No.4電梯 --- 本層不停 |
| No.5電梯 --- 只到四層 |
| No.6電梯 --- 只到四層 |
| No.7電梯 --- 貴賓專梯 |
| No.8電梯 --- 醫用專梯 |

有圖有真相！

　　請問有沒有智商高的讀者，可以告訴我搭幾號電梯？第一號電梯不知道在那裏，等了半天八號電梯來了，裏面出來一個護士説我們不能用！夭壽哦！決定走樓梯。到了二樓手忙腳亂的找到了門診室，聽完醫生報告一切OK，他還一直熱心的介紹老婆順便做個抽血檢查，嚇得我們匆匆逃離現

場。對了！註冊費加B超費用總共人民幣五十多元，雖然便宜但我們可能沒有勇氣再試一次了。

✸ 懷疑我被老胡盯上

本文PO上我的網誌後不久，新華網就報導：

黨中央、國務院高度重視發展城市社區衛生服務。近日，中共中央總書記、國家主席、中央軍委主席胡錦濤，中共中央政治局常委、國務院總理溫家寶分別作出重要指示。胡錦濤強調，發展社區衛生服務，對於解決群眾看病難、看病貴等問題，為群眾提供廉價、便捷的醫療保健服務，提高全社會疾病預防控制水準。各級黨委和政府要堅持以人為本，加強領導。

生個病要裝潤
上網寫個心情記事
還被老胡盯上
唉～

上海**瞎拼一定要學**的事

第一次來到這裡的觀光客，
就像純潔又愚蠢的迷路羔羊，
無知的被野狼帶到屠宰場。
如果您開的價他應了，那表示您買貴了，
記住，殺價時把臉皮放一旁，
這家談不攏另外還有一百家……

説到上海就一定要提一下襄陽市場。二〇〇〇年十月，開發商地主等著籌錢蓋房子，暫時把空地租借給小攤販，從此就一發不可收拾，開了超過八百家店面。每天吸引五萬名遊客來此消費，天氣好的周末最多會達到十萬人次。最火紅的店鋪月租達到八萬人民幣（三十二萬新台幣）。

二〇〇六年，襄陽市場因WTO 的防仿冒壓力，於二〇〇六年六月底關閉，最後一天擠進了十萬人，大多數是老外。地主將改建二十四小時的現代Mall。我們很幸運的有機會逛了三年的襄陽市場。

以前有個説法，中國仿冒市場三分天下，北秀水，中襄陽，南羅湖（深圳）。每一個來上海旅遊的人都會知道襄陽市場，這個地方是瞎拼的天堂，衣服、褲子、手錶、包包、眼鏡、 高爾夫球桿、皮帶、鞋子，應有盡有。襄陽市場兩三條街外就有成群的「托子」熱情歡迎下計程車的觀光客。

「小姐，名牌包包、手錶、衣服，都是A貨，要不要啦？」
「Sir, Rolex? DVD? LV? Gucci? Very cheap ok-la?」
「要不要包包，我們有店鋪的。」
「到我們倉庫看看，就在前面，轉個彎就到了。」
「來看看，不買沒關係，交個朋友唄！」

✡ 聰明人都在外面買

托子們會不棄不捨的跟在觀光客後面，這些人手上拿著雜誌上撕下來的名牌照片，就等在路口到處問人：要不要包包啦？這些兜客方式千篇一律，**第一次來到這裡的觀光客，就像純潔又愚蠢的迷路羔羊，興奮又怕受到傷害的心情，無知的被流著口水的狼帶到屠宰場。**

　　大多數第一次來的人都會被拐到附近黑暗的舊樓房，爬上小木梯上二樓的小房間看貨。您的皮包在進屋的那一步就注定要大失血。老闆神秘兮兮把門鎖上，他會告訴您他是大盤，襄陽市場裡的商家大多都跟他拿貨，您儘管放心的買，保證都是A貨，他開的價比批發還便宜，今天碰到您是緣分，再打些折扣算是交個朋友。

　　很多觀光客到那時以失去了理智，殺紅了眼狂買，等您提著大包小包出來後，會發現外面的店賣的貨都一樣，但開價卻比小房間的大盤商更便宜，那時您就知道會到舊樓房的人都是菜鳥。

　　有經驗的老手比較喜歡到有店面的商家去買，這樣退貨換東西才找得到主兒。您到了有店舖的商家，夥計會把客人拉到角落，他們像大衛魔術般的把手錶、CD 從門上、椅子下、牆裡變出來，您要啥他都可以變出來。

✩ 這家談不攏還有一百家

　　說到這就需要討論一下襄陽市場攻戰法，客人如問：「多少錢？」，閱人無數的老闆先在一秒內把您從頭到腳抓個底兒。**您如果是興奮的表情—嘿嘿—菜鳥，如果是勢在必得的眼光—嘿嘿—也是菜鳥，如果您手裡已拎著戰利品—哇—有錢的菜鳥，如過後面跟著一位男士，提著大包小包—哇—已經被別人咬過的大豬腳來了。**

　　老闆、店員先確定有機可乘，第一步「以逸待勞」——開出高價，有興趣好商量，有些笨蛋覺得比國外便宜了許多，就隨便減個零頭買了。聰明的客人不管老闆開多便宜，馬上先皺個眉頭，掉頭就走，老闆會快速反應——喂，朋友，別走！別走！真要便宜點給你。

　　這時進入第二段的「迂迴政策」——您問：「到底賣多少錢？」，老闆會跟您閒扯淡，摸客人的底。古人有書記載，《孫子虛實篇》：「微乎微乎，至於無形；神乎神乎，至於無聲。」，**他先問您要買多少個，您假裝欲語還休，他又說買多一點價錢好談，您別回他。不用多久他會自動降價至少二十夕丫，您搖搖頭，眼看遙遠的地方（最好是賣同樣商品的攤位），您慢慢說：「別家開的價比你便宜ㄟ～」**，他肯定加一句：「我們的貨不一樣。」是啊，別家的質量比你的更好，別聽他扯淡，每一家東西都一個樣兒。

　　這時您就把東西輕輕放下，進入第三階段的「反客為主」——對方看您對貨品似有似無的情感，讓他知道碰上高手了，敵方退步，決定成全您。老闆說：「您誠心要買嗎？真要您就開個價，多一點可以便宜些」。

　　《孫子九地篇》：「敵人開闔，必亟入之。」，現在有機可乘那您就別客氣，狂殺他八十趴（二折）。老闆臉色一變：「開玩笑，不可能啦，批貨的價也沒這個價……」，他一定會假裝把貨拿回來整理好，臉皮薄的客人會自動把價錢提高，如果您有夥伴的話可以合演一齣「他山之石可以攻玉」的戲。

　　請您的夥伴到外頭隨便一指說：「咦！那邊也有一家在賣耶，咱們去那看看」，您東西放下，追隨夥伴慢慢步出店鋪，

讓老闆徹底地感覺到鈔票離去的感覺，老闆保證開始緊張，請各位記得襄陽市場的好處，就是每一家賣的貨都一樣，這家談不攏另外還有一百家。

✬ 砍到老闆發飆才是底價

第四階段「欲擒故縱」——老闆叫：「喂，您回來，您回來呀！您就加點吧！」。放心，二折他還有賺頭。高手定住，回頭也叫著：「不加，不賣我到別家。」，越大聲越好，別的商家會靜悄悄的聚集過來，就像禿鷹等著吃獅子不要的肉。

此時，老闆一定馬上放下身段：「來來來，過來呀！交個朋友，給！」，如果您真想要，那就回頭，如果您不是百分百確定，那這時是您落跑的最後機會，第三十六計「走為上策」。**再一次提醒您，如果您開的價他應了，那代表在別家一定可以買到更便宜的。**

交易到了這時別以為買賣就這麼了了，NO! 請您一定要雙眼盯著貨打包，有狡猾的商家會「偷樑換柱」把貨掉包，東西拿回家尺寸不對，有瑕疵，羊絨換一般毛料等等。另外注意商店慣用地「以假亂真」找您假鈔，

鈔票拿了一定要甩一甩，有「ㄆㄧㄚ──ㄆㄧㄚ」的聲音才對，拿起來軟趴趴的就不對了，馬上要跟老闆說這「不好用」（如果直接說是假鈔那她打死都不會承認），晚點發現他就不認帳了，市場裡有八百多家店，您逛了一圈也不會記得假錢是在那家找的。

✻ 天時地利人和才能勝出

以上戰略乃理論是也，要成功還要配合許多外來的因素。**襄陽市場被殺價的彈性以天氣、時間為準，開張後、打烊前、下雨天，吉、亨。** 晴空萬里不宜交易，是以兇也，天氣好大家沒事出來閒逛，老外太多的時候，店家崇洋媚外，沒耐心跟我們討價還價。另外還有，週一公安會來所以假貨不上櫃，看東西時就得躲躲藏藏的，肯定價錢不好談。

買東西時「謀定而後動」，先想一個您不相信的好價錢，前三家最好砍到老闆發飆，堅持軟泡硬磨，沒有啥不好意思的，大吵一架也沒關係，反正你們也不做親家，十分鐘後船過水無痕，他不記得你，你也不會認得他，店家不賣才能探出底價。

襄陽市場是一個充滿驚奇的地方，二○○六年前在上海的瞎拼聖地。現在這些店也都找到了新的據點，殺價戰略是不會變的，祝大家來上海瞎拼少受騙，多收穫！

咩～
肥羊來囉！

用**仿冒**與世界接軌

十幾年來上海最大抓仿冒品行動開始，
襄陽市場幾十家店倒了大霉，
搜出一堆Polo、LV、Gucci、Prada、Rolex，
老婆聽到了這消息後心情也沈重了許多，
我們擔心以後朋友來玩會少了個最大的樂趣，
買不到仿冒包包，要我們如何對得起
越洋而來的鄉親姊妹阿姨們？

　　一天早上在上班的路途中聽收音機播新聞，突然間聽到的一則沮喪的新聞報導，上海公安在前一天執行了十幾年來最大的抓仿冒品行動，襄陽市場幾十家店倒了大霉，搜出一堆Polo、LV、Gucci、Prada、Rolex。老婆聽到了這消息後心情也沈重了許多，我們非常擔心以後朋友來玩會少了個最大的樂趣，買不到仿冒包包，要我們如何對得起越洋而來的鄉親姊妹阿姨們？

　　事情發生了一個禮拜後我們決定重遊襄陽市場，我們帶著忐忑不安的心想著，一個沒有仿冒品的襄陽市場會是如何悽慘蕭條。逛了幾家店面，發現所有在衣服、包包上的名牌商標，都換上了一些很老土的標誌。我們問老闆有沒有Burberry毛衣？ 她說架子上掛的都是，只見她隨手把那老土的標誌拉開，果然原汁原味的小飛馬又再次現形了！

　　事實證明我是多慮了，世界名牌照常上櫃。**一個老闆娘熱情的說：這裡的包包都是最新的式樣，緊密地跟著世界潮流的流行腳步接軌！**

　　中國政府嚴厲執行了幾天打擊仿冒品，對國際有了個交代。幾個禮拜後這些臨時的替代標籤就沒人用了，我在懷疑是不是公安結合店舖老闆，和媒體合演一齣戲給老外看，老闆們捐出一些賣不掉或過時的次貨當道具，公安帶著媒體賣力演出。 街頭賣 DVD 的小販也是一樣，每次有美國的大官來到上海，公安還會先通知哪幾天會來查緝盜版片，那一陣子大家就會產業大公休。反正老外要看，全民就演給他們看咯。

✡ 上海好瞎：

1. 台商太太們在牌桌上有一個流傳，二○○六年底LV一個高層來到上海，到了恒隆廣場裏面的LV旗艦店，竟然發現店裏面幾乎所有的貨都是假的！店裏人員全部當場被fire掉。我以為事件發生時不在上海，無法證實此事。

2. 另外一件奇事也發生在二○○六年，有位國外旅客在浦東機場免稅店買了一個PRADA皮包，回國後發現瑕疵，拿到PRADA旗艦店去修，當場被拒絕，外國店說是假貨，沒多久，浦東機場免稅店的PRADA專櫃就消失了。

老土標誌底下就是名牌了！

打击假冒侵权行为

保护商标知识产权

重生的**襄陽市場**

報上說襄陽市場關閉後，
大部分老闆都轉戰到其他地方去了，
在經過半年來的劇烈競爭後，
珍珠城和掏寶城贏得了老外的青睞……

　　近幾年來保護知識產權的國際壓力急劇增大，上海市徐匯區管理部門二〇〇六年初發出通知函「襄陽路商鋪租賃合同將於2006年6月30日到期，以及為了配合上海城市軌道交通重大工程建設（地鐵十號線及十二號線的站點），襄陽服飾禮品市場至2006年6月30日終止營業」，回顧一下歷史：

　　1984年9月，上海最早的個體戶的服裝市場在華亭路誕生。

　　2000年5月，華亭路市場關閉，集體搬遷到襄陽市場，兩年增至800多家。

　　2006年6月，這個與上海發展史脫不了關係的地方關上了大門。

　　最後一天的客戶流量約十五萬人次，為了控制襄陽市場內的人數以及人流的方向，商場人員還用人牆把一些出口擋住。襄陽市場永久終止營業，這流傳已經兩年的消息終於成真，許多老外朋友都非常捨不得。

　　我在報上看過一個記者採訪老外，她說：「Shanghai will never be the same without XiangYang Market」，翻成中文就是說：「沒有了襄陽，上海永遠不再是同樣的上海。」，這是一個真正One Stop Shopping 的地方。

　　義大利名牌教父喬治‧亞曼尼（Giorgio Armani）在兩年前來上海慶祝外灘三號新店開張時，也曾興致勃勃逛過襄陽市場，還買過一隻仿製的Giorgio Armani手錶。

　　這位老大開心的對中國的記者說：「很高興看到那裏有人仿製自己的產品，說明這個品牌有很大的知名度」，他還對仿製技術驚嘆「他們的贋品幾可亂真」。沒多久他就把亞曼尼的手錶轉到中國生產。

✭ 買到就是賺到

　　說也奇怪，要關襄陽的是老外，要買東西的也大多是老外。在這最後一天頂著35℃高溫的炙熱下，一眼望去只見到「people mountain people sea」，滿坑滿谷的老外在瘋狂採購。金髮客人抱著大包小包的戰利品站在人群中拍照留念。

　　有小販推著小車、提著大袋子賣起了質量（品質）差的皮帶、皮夾。冷眼旁觀的攤位營業員說：「他們不是襄陽路的店家，這兩天來渾水摸魚的。」，在這個感傷的時候還有人來撈便宜，這就是上海。

　　在這最後一天，店家瘋狂甩貨，同樣是各種讓人眼花撩亂的仿冒品與貨物，平常殺完價後可以買到九十元一件的Polo衫、名牌襯衫，現在二十元一件，五十元的LV男用皮夾減至十元一個。

　　在最後那兩天不少店家營業額超過十萬元人民幣，商店老闆又喜又憂的說：「每天幾萬人的超級人氣和超過一半的老外客源，以後叫我上哪兒去找呀？」。

　　六月三十日九點半左右，只看到滿地廢紙盒、紙屑，還有密密麻麻還在做最後衝刺的人潮，抓住這上海歷史上具有代表性的時刻，襄陽路市場響起了高音喇叭的聲音：「為了您的人身安全，請不要再進入市場。」，入口一個一個關閉，監察人員開始強制一些還在做生意的商鋪關燈歇業。

　　三天後，七月三號，星期一，襄陽市場周圍就已經非常有效率的蓋好了圍牆，外面有一塊橫幅：「取消襄陽市場，保護品牌知識產權。」

✡ 前臺打擊，咱後台照賣

　　報紙上說襄陽路市場關閉後，大部分商店老闆將轉戰到不同的地方，例如龍華路服飾市場、浦東榮富商廈、古北區的珍珠城和離襄陽市場不遠的掏寶城。經過半年來的劇烈競爭，珍珠城和掏寶城終於贏得老外們的青睞。

　　這下可好了，數百家店面從戶外搬到戶內，採購環境也好很多，觀光客風雨無阻，一樣的仿冒商品，一樣的喊價戲碼，一樣的肥羊老外，唯一不同的是樓裏多了許多打擊仿冒的標語，有趣的是那些標語後面的店家，名牌滿櫥窗，照賣不誤。

　　「Beginning of the end」還是「End of beginning」見仁見智，仿冒的名牌生意不可能會在上海消失的，我對上海人靈魂深處的商人因子有絕對的信心，賺錢的生意肯定將會繼續。

　　只是沒人知道上海政府這個大動作，算是政府保護知識產權的一個開始，還是讓冒牌商店浴火重生，分散到不同的地方繁殖，繼續為上海經濟做出貢獻？

免驚風吹雨打了！

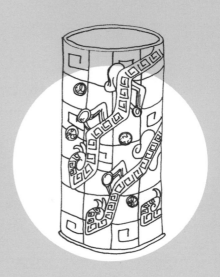

美麗又神祕的龍柱

大和尚凝目一看，哇！不得了！
有一條龍在這地下，那根柱子的位置
直接就打在龍背上，難怪打不進去，
打進了龍就翹了。大師於是選了一個日子……

先描述一下故事的背景，上海最重要的道路之一就是延安高架橋道路，長度約十五公里，這是擁有全國首個城市智慧交通系統的高架道路，何謂智慧交通系統？那就是一路上都會有顯示器標示前面車流順不順暢，到外灘需要多少時間，其功能與效益對上海社會經濟發展有極大的貢獻。

囉嗦了一堆，但這些都不是重點，故事的主題是，在東西南北高架交叉的地方立著的一根美麗又神祕的龍柱！當地人都喜歡跟外地人說關於龍柱的故事，每個人的說法不同，但都大同小異。

話說當年上海政府如火如荼的進行這跨世紀的工程，一路上進度都超越預期，當工程進行到最關鍵的南北高架交叉路面時，居然高架主柱的基礎地樁硬是打不下去！老外工程師花了幾個禮拜也沒折，負責人廣邀全世界專家高手幫忙，這樁不是偏了就是打不下去。眼看工程落後太多，當地工人請來龍華寺廟的一位高僧來瞧瞧。

✄ 下面住了龍，上面有王八

大和尚凝目一看，哇！不得了！有一條龍在這地下！那根柱子的位置直接就打在龍背上，難怪打不進去，如果打進去龍就翹了。大師於是選了一個日子，他說那時地下的龍會翻身，於是吩咐工人們某時某刻焚香敬酒，趁龍翻身的時候把主柱打下去，經過大和尚周密、細緻的安排後，沒想到居然輕易的把這支樁打了下去，不偏不倚正好符合原設計圖。據說當場有人看到一道黑雲直衝上天，高僧回到廟裡沒多久就圓寂了。

龍柱的故事流傳很久，官方某工程負責人在報上辟謠說全屬迷信，龍柱純粹是為了美觀市容，但很少人信他的話，延安高架橋有上千支柱子，每一個都是水泥本色，唯有這支是銀底銅雕金紋龍和蟾蜍，對了，傳說在柱頂還有刻個王八。

就這根柱有雕龍！

智慧交通系統

不買難過買了更難過

蘇州園林最出名，來上海玩少不了去那兒溜一圈，
熱心的導遊會解釋，除了園林外特產也名氣響亮，
特別是蠶絲被、西湖醋魚、龍井茶沒有一樣能錯過，
等著賺回扣的導遊會帶著身心疲憊的旅客們，
毫無警戒的進入了虎穴……

　　我來到上海快兩年了，帶過無數次的親朋好友，家鄉父老，公司同事到蘇州遊玩，讓我跟您說說蠶絲被的故事唄。

　　話說台灣旅行團高高興興的遊完了蘇州虎丘，拙政園，寒山寺後，熱心的導遊會解釋蘇州除園林出名外，還有一個最有名的就是蠶絲，蘇州觀光最後一站就是參觀國營的蠶絲工廠，等著賺回扣的導遊帶著身心疲憊的旅客們，毫無警戒的進入了虎穴。

　　國營的蠶絲工廠有眉清目秀的專業講解員，蘇州美女字字清脆，聲聲婉轉，像乳鶯出谷，新燕歸巢，令疲憊的旅客們精神一振。她會帶著旅行團，一步一步耐心的解說蘇州最有名的蠶絲製造過程。

　　進門後第一眼看到的是古早的蠶絲生產機器，長長的廠房有幾個工人正在有模有樣的忙著幹活兒，機器的水漕裏泡著幾百個蠶繭，講解員當場拿起一個蠶繭拔出一縷蠶絲，她一邊裝模作樣的捲著蠶絲，一邊解釋整個蠶繭是一條很長的蠶絲形成，最長的可以拉到幾十公里長。

　　一旁蠶絲生產機器上，幾十個捲軸都連著一個個的蠶繭，但廠內空空蕩蕩，好像工廠工人做一半，突然人全部被外星人擄走一樣。

✷ 嚇死人的超強彈力蠶絲被

接著講解員領呆瓜遊客到佈景二，那是一個老太婆把泡濕的蠶繭剪開，挖出中間的死蛹，然後用手把蠶繭拉扯開，套在一個人頭大小的木架上。遊客會為蠶繭的彈性驚訝不已，講解員還會請大家看老婆婆的臉上佈滿著皺紋，但她手滑溜溜，皮膚好得不得了，因為她經年累月把手泡在蠶繭的水裡，遊客們可以趁機會感受一下這白茫茫的水。

有點年紀的女性百分之百會很蠢的伸出手感受一下水質，愛美的遊客更是會多泡一會兒，抓住青春永駐的神祕水，其實這水不過是自來水加了點白灰罷了。**這時，大家已經開始被青春之泉搞的有點興奮了，迫不及待往下走，如果您往後頭看，佈景一的燈已關了，工人早放下手上的工作抽菸去了，他們在等著下一批旅客再出場表演。**

到了佈景三，只見三位阿姨在把剛才木架上的蠶繭，一個個再用力拉開，三人合力拉到麻將桌那麼大，遊客們再一次嘖嘖稱奇，三人拉扯了一個又一個後，再舖成棉被的原形，講解員接著當場邀請三位客人試拉，親自體驗一下蠶絲超強的伸張力。在這樣的情景下，遊客們都不會注意到**幾分鐘前剪蠶繭的老婆婆也退到一旁休息。**

接著講解員拔出一把剛才拉開的蠶絲，拿出打火機燃燒，請大家聞聞看真的蠶絲燒焦後的味道。我不是很懂這個動作的意義何在，難道客人會買了蠶絲被抽出中間的蠶絲燒嗎？後來有專業的朋友說這蠶絲燒焦後很臭，會變成粉狀。一齣蠶絲戲碼演完了，接著壓軸戲就要上演——「姜太公釣魚，願者上鉤！」。

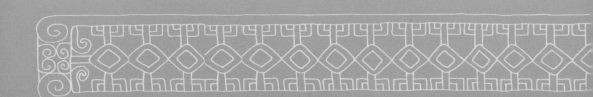

✡ 神奇導遊搧風點火

　　講解員會反覆強調他們是國營企業，所有產品都是各位旅客剛才看到由手工製成，價錢公道合理，全國統一定價，日本、香港、台灣很多回頭客，講解員最後帶旅行團到商品區，請君入甕。這時進了國營店後就失蹤的導遊也會神奇的出現，她會非常誠懇的告訴旅客，這裡的確是貨真價實，過了這村就沒那店了。

　　這裡特別為了旅客方便，提供免費的真空包裝，一條蠶絲被又輕又薄，攜帶方便。很多定力不夠的歐巴桑、歐吉桑忍不住開始狂買起來，**這買氣就像SARS一般容易傳染，只要有人開始買，大部分的旅客都血脈噴張地開始掏錢包**，許多不聽我勸告的朋友買了蠶絲被帶回台後都沒用過，過了幾年怕生蟲更不敢用，但又棄之可惜。

　　我再提供一個思考方式給大家，每一天觀光客從蘇州搬走至少幾千條蠶絲被，每一條被子至少需要三百到五百個蠶繭作原料，一天就要提供五十萬個蠶繭，一個月要一千五百萬顆！大致算一下就知道，不太可能所有的棉被都是百分百蠶絲。

✡ 來吃西湖假醋魚

　　到上海近郊的城市旅遊一定會遊杭州西湖，李白、杜甫、蘇東坡無數的詩詞給人無限的幻想，蘇堤春曉、平湖秋月、斷橋殘雪、南屏晚鐘、三潭印月等景點，光聽名字就醉人的風景。饕客到了這一定要在湖邊的樓外樓餐廳，吃西湖醋魚、叫化雞、龍井蝦、宋嫂魚羹和東坡肉。

餐廳裡的服務生會倒背如流的介紹西湖的水質舉世無雙，湖裡養出來的魚特有味，魚都是最新鮮從西湖裡現撈的，客人不多的時候您可以親眼看著服務生從湖裡撈魚現殺現煮，連蘇東坡都說讚呢！老實說，叫化雞和宋嫂魚羹作的不錯，但西湖醋魚就覺得土味特重，肉也不鮮嫩。大概蘇東坡牧羊多年，只吃羊肉，太久沒吃到新鮮的魚，所以這般口味就驚為天人。

後來計程車師傅告訴我，西湖那來的那麼多魚？每天應付那麼成千上萬的遊客，湖裡的魚早就吃的一乾二淨了，現在那些魚都是千島湖抓來的，餐廳每晚把這些外來的活魚放入他們西湖的魚塭中，白天撈起來唬嚨客人。

✿ 茶還是回台灣買

吃完冒牌醋魚下一站到龍井山，喝世界聞名的龍井茶，到了茶莊我保證您會喝到不錯的茶，茶莊裡親切的銷售人員極力推薦客人，要就買限量的頂級龍井茶，他們又會告訴您，剛才來的台灣團都說這茶好又便宜，買了一大堆走。

很多呆胞看價錢比台灣烏龍便宜，就隨便殺點價買幾斤帶走，這時問題就來了，銷售人員包給您的茶絕對不是您剛才喝過的茶，您帶回旅館的是次等茶，反正客人也不可能回去茶莊抱怨，遊客只能摸摸鼻子自認倒楣，還好不是很多錢，自我安慰一下。

唉！他們就是抓住遊客這種心態，狸貓換太子玩得不易樂乎。對了，茶莊裡賣一百元的茶，我在停車場碰過當地茶農兜售，一模一樣的包裝買到五元一罐！結果太便宜讓我不敢喝。各位朋友千萬記得，到了大陸越有名的地方騙術就越高。反正只要花錢的時候就把自己的眼睛、耳朵收到的訊息自動消除，就當是看場戲也是一種旅遊的樂趣，您說對不對？

上海話考考你

來到上海您不能不會的鳥語

1. 在上海方言中，「爛糊三鮮湯」是指
    A. 一種好喝的湯　　B. 辦事亂七八糟　　C. 糊裡糊塗　　D. 人雜的地方

2. 在上海方言中，「彈眼落睛」是指
    A. 好看　　B. 近視眼　　C. 瞎了眼　　D. 用彈弓彈瞎了眼

3. 上海人形容某人未能專注聽講，一般作
    A. 抖擻　　B. 吃勿落起　　C. 無理馬裡　　D. 望洋眼

4. 上海話十三點是指：
    A. 自然數　　B. 愛管閑事的人　　C. 不准時　　D. 多餘的人

5. 在上海方言中，有關年齡「老」的詞匯是：
    A. 老噶噶　　B. 老吃老做　　C. 老舉三　　D. 老菜皮

6. 在上海方言中，下述唯一不來自於外國語音譯的是
    A. 切價　　B. 老虎窗　　C. 航三　　D. 老克勒

7. 在上海方言中，「來事」是指
    A. 有消息　　B. 闖禍　　C. 弓雛　　D. 臨時抱佛腳

8. 在上海方言中，「蚌殼精」一般是指
    A. 妖冶的女人　　B. 愛哭的人　　C. 一種美食　　D. 心堅如鐵的人

9. 在上海方言中「妖」是指
    A. 妖怪　　B. 妖冶　　C. 出格　　D. 精神病

10 . 在上海方言中「凹門痛」是指
    A. 頭痛　　B. 背痛　　C. 有苦說不出　　D. 刻骨銘心的痛

11. 在上海方言中「裝野胡彈」的含義類似於
    A. 顧左右而言他　　B. 裝神弄鬼　　C. 倒打一耙　　D. 糊說八道

12. 在上海方言中，「 吃家生」一般是指
    A. 大吃大喝　　B. 挨揍　　C. 篡養家畜　　D. 赴宴

13. 在上海方言中，「 舍姆娘」一般是指
    A. 潑婦　　B. 少女　　C. 後媽　　D. 坐月子

14. 在上海方言中，形容某人行動緩慢、反應遲鈍一般用
    A. 腦力衰　　B. 望洋眼　　C. 抖抖縮縮　　D. 勒煞吊死

15 . 「赤佬」在上海方言中是指
    A. 紅種人　　B. 不受歡迎的人　　C. 祖父　　D. 老外

16. 在上海方言中，「彈老三」是指
    A. 彈三下　　B. 死翹翹　　C. 排行老三　　D. 一種樂器

17. 在上海方言中，「兜進」是指
    A. 用網兜抓魚　　B. 肚兜　　C. 放進口袋裏　　D.打落牙齒往肚子裏咽

18. 上海人形容喝倒彩、起哄、幫倒忙一般作
    A. 哇啦三四　　B.吼死　　C. 倒蓬頭　　D. 軋三胡

19. 上海話「挑上山」是指
    A. 挑起事端　　B. 挑大梁　　C. 起蓬頭　　D. 瞎起勁

20. 在上海方言中，「擺魁勁」是指
    A. 下狠勁　　B. 傲氣十足　　C. 使蠻力　　D. 沒有一點力氣

21. 在上海方言中，「落喬」是指這個人
    A. 很隨和　　B. 很落後　　C. 不講信義　　D. 有點笨

22. 在上海方言中，「硬檔」是指
    A. 靠得住　　B. 死要面子　　C. 硬撐　　D. 硬擋了一下

23. 在上海方言中，「進廟」是指
    A. 做和尚　　B. 去市場　　C. 被抓進公安局　　D. 給某人燒香

24. 在上海方言中，「調頻道」被用來指
    A. 換話題　　B. 聽收音機　　C. 換個女朋友　　D. 調侃

25. 在上海方言中，「浮屍」是指哪種人？
    A. 淹死的人　　B. 不務正業的人　　C. 很難看的人　　D. 狡猾的人

26. 在上海方言中，「空手道」一般是指
    A. 懂功夫的人　　B. 會變戲法的人　　C. 白吃白喝的人　　D. 説空話的人

27. 在上海方言中，「軋苗頭」的是指
    A. 鋤草　　B. 看風向　　C. 摘嫩葉　　D. 軋黃金

28. 在上海方言中，「夜壺水」是指
    A. 酒　　B. 涼開水　　C. 茶　　D. 尿

29. 「條杆」在上海方言中是指
    A. 身段　　B. 旗杆　　C. 麵杖　　D. 臥底

30．上海話裏「落帽風」是指
    A. 快速的風　　B. 找不到人影　　C. 一種風氣　　D. 如影相隨

〔答案請見 Ｐ79〕

考考你！

世界主題之旅 48

上海，真奇怪ㄋㄟ

文　　字　　上海湯
攝　　影　　上海湯

總 編 輯　　張芳玲
書系主編　　謝樹華
美術設計　　曾品蓁
插畫設計　　江莉姍

太雅生活館出版社
TEL：(02)2880-7556　FAX：(02)2882-1026
E-mail：taiya@morningstar.com.tw
郵政信箱：台北市郵政53-1291號信箱
太雅網址：http://taiya.morningstar.com.tw
購書網址：http://www.morningstar.com.tw

發 行 所　　太雅出版有限公司
　　　　　　台北市111劍潭路13號2樓
　　　　　　行政院新聞局局版台業字第五○○四號

承　　製　　知己圖書股份有限公司
　　　　　　台中市工業區30路1號　TEL：(04)2358-1803

總 經 銷　　知己圖書股份有限公司
　　　　　　台北公司 台北市羅斯福路二段95號4樓之3
　　　　　　TEL：(02)2367-2044　FAX：(02)2363-5741
　　　　　　台中公司 台中市工業區30路1號
　　　　　　TEL：(04)2359-5819　FAX：(04)2359-5493
郵政劃撥　　15060393
戶　　名　　知己圖書股份有限公司

廣告刊登　　太雅廣告部　(02)2880-7556
　　　　　　E-mail: taiya@morningstar.com.tw

初　　版　　西元2008年03月10日
定　　價　　220元
(本書如有破損或缺頁，請寄回本公司發行部更換；
或撥讀者服務部專線04-23595819)

ISBN　978-986-6952-94-4
Published by TAIYA Publishing Co.,Ltd.
Printed in Taiwan

國家圖書館出版品預行編目資料

上海，真奇怪ㄋㄟ／　文字.——初版.
——台北市：太雅, 2008.03
　　面；　公分.——（世界主題之旅：48）
ISBN 978-986-6952-94-4（平裝）
1. 人文　2. 上海市

672.19/201.4　　　　　　　　97002393

很高興您選擇了太雅生活館(出版社)的「世界主題之旅」書系，陪伴您一起快樂旅行。只要將以下資料填妥回覆，您就是「旅行生活俱樂部」的會員，可以收到會員獨享的最新出版情報。

這次 買的書名是：世界主題之旅／**上海，真奇怪ㄋㄟ**（Life Net 48）

1.姓名：＿＿＿＿＿＿＿＿＿＿＿＿＿＿＿＿ 性別：□男 □女

2.生日：民國＿＿＿＿＿年＿＿＿＿＿月＿＿＿＿＿日

3.您的電話：＿＿＿＿＿＿＿＿＿地址：郵遞區號□□□＿＿＿＿＿＿＿＿＿
＿＿＿＿＿＿＿＿＿＿＿＿＿＿＿＿＿＿＿＿＿＿＿＿

   E-mail:＿＿＿＿＿＿＿＿＿＿＿＿＿＿＿＿＿＿＿＿＿＿

4.您的職業類別是：□製造業 □家庭主婦 □金融業 □傳播業 □商業 □自由業
□服務業 □教師 □軍人 □公務員 □學生 □其他＿＿＿＿＿＿

5. 每個月的收入 ：□18,000以下 □18,000~22,000 □22,000~26,000
□26,000~30,000 □30,000~40,000 □40,000~60,000 □60,000以上

6.您從哪類的管道知道這本書的出版？□＿＿＿＿報紙的報導 □＿＿＿＿報紙的出版廣告
□＿＿＿＿雜誌 □＿＿＿＿廣播節目 □＿＿＿＿網站 □書展 □逛書店時無意中看到的
□朋友介紹 □太雅生活館的其他出版品上

7.讓您決定 買這本書的最主要理由是？
□封面看起來很有質感 □內容清楚資料實用 □題材剛好適合 □價格可以接受
□其他＿＿＿＿＿＿＿＿＿＿＿＿＿＿＿＿＿＿＿＿

8.您會建議本書哪個部份，一定要再改進才可以更好？為什麼？
＿＿＿＿＿＿＿＿＿＿＿＿＿＿＿＿＿＿＿＿＿＿＿＿

9.您是否已經帶著本書一起出國旅行？使用這本書的心得是？有哪些建議？
＿＿＿＿＿＿＿＿＿＿＿＿＿＿＿＿＿＿＿＿＿＿＿＿
＿＿＿＿＿＿＿＿＿＿＿＿＿＿＿＿＿＿＿＿＿＿＿＿

10.您平常最常看什麼類型的書？□檢索導覽式的旅遊工具書 □心情筆記式旅行書
□食譜 □美食名店導覽 □美容時尚 □其他類型的生活資訊 □兩性關係及愛情
□其他＿＿＿＿＿＿＿＿＿＿＿＿＿＿＿＿＿＿

11.您計畫中，未來會去旅行的城市依序是？ 1.＿＿＿＿＿ 2.＿＿＿＿＿
3.＿＿＿＿＿ 4.＿＿＿＿＿ 5.＿＿＿＿＿

12.您平常隔多久會去逛書店？ □每星期 □每個月 □不定期隨興去

13.您固定會去哪類型的地方買書？ □連鎖書店 □傳統書店 □便利超商
□其他＿＿＿＿＿＿＿＿＿＿＿＿＿＿＿＿＿＿

14.哪些類別、哪些形式、哪些主題的書是您一直有需要，但是一直都找不到的？
＿＿＿＿＿＿＿＿＿＿＿＿＿＿＿＿＿＿＿＿＿＿＿＿

填表日期：＿＿＿＿＿年＿＿＿＿＿月＿＿＿＿＿日

太雅生活館　編輯部收

台北郵政53-1291號信箱
電話：(02)2880-7556
傳真：**(02)2882-1026**
(若用傳真回覆，請先放大影印再傳真，謝謝！)

太雅生活館

有 行 動 力 的 旅 行 ， 從 太 雅 生 活 館 開 始